Introducción

En todos mis años en el negocio, nunca he visto a nuestros grandes líderes del campo tan entusiasmados con la oportunidad que tenemos en frente. Nuestros líderes se están enfocando en las cosas correctas, construyendo equipos y creando flujos de efectivo récord.

Este es el comienzo de la Era Dorada de HGI. Nuestros más grandes líderes están preparados para entrar a una nueva era de Disciplina y Responsabilidad, la cual nos guiará al Ascenso y a la Dominación.

Ahora es el tiempo de incrementar nuestra intensidad. Debemos esforzarnos a un nivel aún mayor para maximizar esta tremenda oportunidad.

Todos los aspirantes a ser leyendas del futuro deben enfocarse en estas áreas clave inmediatamente para hacer crecer nuestro negocio y experimentar el Crecimiento Cuántico.

1. El Nuevo Supercargado Sistema Video Drop/"La Jugada"
2. Los 8 Filtros Rápidos
3. El Programa de Construcción de Campo de HGI
4. Compromiso al 100% con el Crecimiento Cuántico

Tu futuro toma un gran salto en este momento al convertirte en estudiante del Sistema de Liderazgo en Formato de HGI.

Después, a través de la repetición incesante y copiado de nuestro plano para el éxito, posiblemente podrás hacer tus sueños realidad, como muchos antes que tú, utilizando nuestro sistema probado y duplicable.

El propósito de este libro es resaltar los puntos clave del manual del Sistema de Liderazgo en Formato para ayudarte a Descubrir los Secretos del Sistema. Aún deberás estudiar el manual de SLF de forma completa para dominar el Sistema. HGI fue construido para las personas que quieren ser alguien. Este es tu momento. Ahora es el tiempo para Aprovechar el Día y Conquistar tu Futuro.

Hubert Humphrey
Fundador y CEO
Hegemon Group International

El Sistema de Liderazgo en Formato

La rápida e incesante repetición de estos 6 pasos de reclutamiento te pueden llevar a desarrollar un enorme sistema de distribución.

La Apertura Continua de Puntos de Venta
Los 6 pasos del SLF

Paso 1 Prospección
- **El líder** controla el desarrollo de la lista de prospectos.
- **El líder** explica gráficamente cómo será desarrollado el equipo.

Paso 2 El Contacto o Acercamiento
- **El líder** controla el punto de contacto
- **El líder** ayuda a comenzar el Sistema de Video Drop/ "La Jugada"

Paso 3 La Presentación
- **El líder** dirige la Presentación de la Oportunidad de Negocios (PDN)
- La MoZone (Zona de Motivación) convierte a los Prospectos

Paso 4 El Seguimiento
- **El líder** guía al nuevo Asociado a través de los Filtros Rápidos 1-4

Paso 5 El Inicio
- **El líder** lleva al nuevo Asociado a un acelerado inicio completando los Filtros 5-8

Paso 6 Duplicación
- **El líder** lleva al Asociado a través de todo el Ciclo del Éxito del SLF una y otra vez.

Producción de Volumen por medio de los Puntos de Venta
Los Ocho Filtros

Filtro 1 Quédate después de la Junta

Filtro 2 Obtén un Kit de Decisión

Filtro 3 Establece una Entrevista Inicial

Filtro 4 Mantén la Agenda y El Contrato

El Proceso de Iniciación
(Complete los Filtros 5-8 dentro de las siguientes 24-48 horas.)

Filtro 5 Desarrolla una Lista de Prospectos (Paso 1)

Filtro 6 Establece Objetivos/Elabora un Plan de Negocios (Encuentra el "Por qué")

Filtro 7 Efectúa Análisis de Necesidades Financieras (ANF) y de Consumo Interno como se requiera.

Filtro 8 Haz Pareja con un Desarrollador en Campo para Calificar para el Ascenso del Asociado

Diagrama de Flujo del Sistema de Liderazgo en Formato

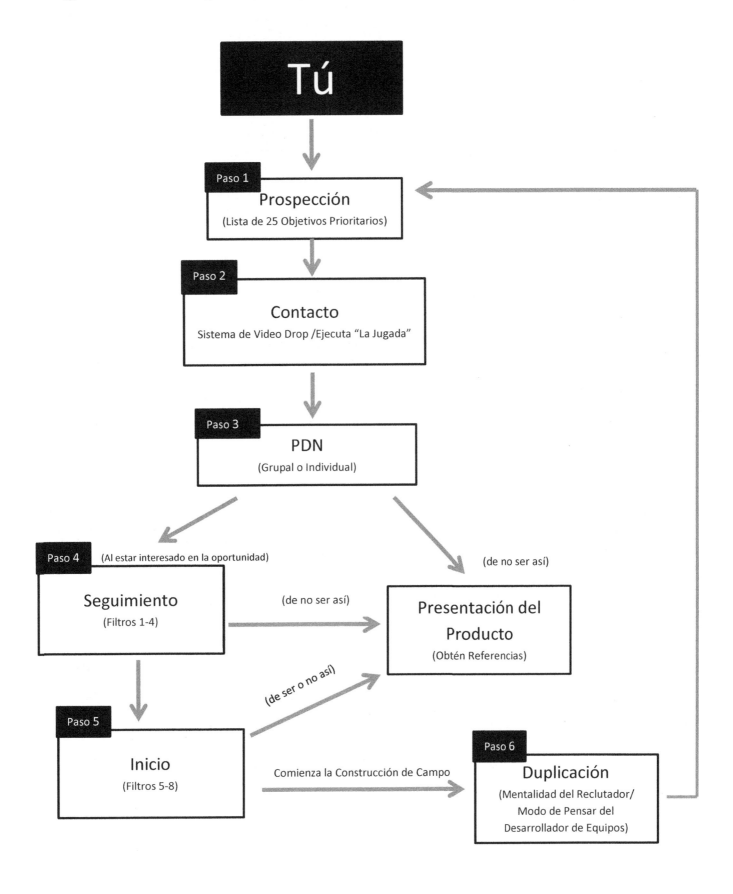

Sección I Mentalidad del Reclutador

Paso 1: Prospección
Desarrollo de un Mercado de Enfoque

Propósito: Maximizar y organizar tus recursos disponibles para atraer a las personas necesarias para cumplir tus metas.

De igual forma que un contratista no puede construir un edificio sin un gran repertorio de materiales, un Desarrollador de imperios de Hegemon Group International necesita una amplia reserva de prospectos para introducir al sistema y desarrollar un imperio de distribución.

Puedes dividir la prospección en cinco áreas:

I. Mercado Natural

- Amigos, vecinos, parientes, colegas, contactos sociales, contactos de negocios
- Quien sea y todo mundo

II. Cultivo de Amistades

- Convertir desconocidos a amigos para crear un nuevo mercado natural
- Nadie puede mostrarte cuánto sabes hasta saber lo mucho que te interesa

III. Compartimiento de amistades / Referidos

- Mercadotecnia de relaciones a través de nuestro sistema de referencia de terceras personas

IV. Prospección de Profesionistas de la Industria

- Haciendo uso de videos, anuncios, documentos, sitios web, etc... aprobados por HGI para incrementar sus herramientas de prospección
- Agentes de Seguros
- Anualidades
- Propiedad y Mortandad
- Representantes de Seguridad
- Agentes Hipotecarios
- Agentes de Bienes Raíces
- Representantes de Asesoramiento de Inversiones

V. Conexión de Redes social a través de Medios Sociales

- Facebook
- Twitter
- MySpace
- Linked In
- YouTube
- Google +
- Deviant Art
- Live Journal
- Tagged
- Orkut
- CafeMom
- Ning
- Meetup
- MyLife
- My Yearbook

Sección I Mentalidad del Reclutador

I. Mercado Natural

Haz Una Lista de Tu Objetivo de Mercado

El hacer una lista de tu objetivo de mercado tiene que ser una prioridad para cualquier nuevo asociado.

Haz que ésta lista sea el comienzo de una excitante aventura de negocios. Por medio de la misma, desarrollarás un negocio y tendrás el potencial de transformar las vidas de las personas en la lista.

Puntos Clave en el Desarrollo de tu Lista de Prospectos

1. Nunca elabores la lista solo.

Haz tu lista de prospectos con tu líder, y asegúrate de involucrar a tu cónyuge cuando te sea posible.

2. Agrega nombres, no los elimines.

Abstente de la tendencia de eliminar a personas de tu lista porque piensas que están muy ocupados o que ganan mucho dinero. Esto es un gran error. Recuerda, no se trata de a quien conoces, sino también de a quien conocen ellos.

3. Ejercita tu memoria.

El propósito de ejercitar tu memoria es recordar a todas las personas de "calidad" que conoces.

4. Identifica a los "25 principales" de tu lista.

Tu lista deberá contener un mínimo de 100 nombres para empezar y crecer hasta 300 o inclusive 500. Una vez desarrollada, necesitarás identificar rápidamente a los "25 principales" y comenzar a contactarlos de manera inmediata junto con tu Líder. Las personas consideradas los "25 principales" deberán tener las siguientes cualidades:

- 30+ años de edad
- Casado
- Hijos Dependientes
- Casa Propia
- Historial Sólido de Negocios/Carrera
- Ingresos de $200,000+
- Insatisfacción
- Ambicioso

Ejercitador de Memoria

1. Trabajas Con
2. Jefe
3. Socio
4. Elevadorista
5. Casero
6. Guardia De Seguridad
7. Agente De Ventas
8. Secretaria
9. Capturista
10. Servicio De Comida
11. Clientes
12. Asistente De Estacionamiento
13. Director De Personal
14. Personas De Ventas
15. Comida Con Tu Jefe
16. Comida Con
17. Competencia
18. Reparador
19. Copiador
20. Inspector
21. Unión De Crédito
22. Plan De Pensión
23. Entusiastas
24. Mensajeros
25. Cartero Express
26. Ups
27. Cartero
28. Desempleado
29. Casi Pierde El Empleo
30. Recorte De Personal
31. Odia Su Trabajo
32. No Fue Ascendido
33. Enciclopedia Humana
34. Más Agradable
35. Necesita Trabajo de Medio Tiempo
36. Ingeniero
37. Nuevo Empleado
38. Operador
39. Nóminas
40. Contratista
41. Mudanzas
42. Guardia
43. Predicador
44. Enfermera
45. Dentista
46. Doctor
47. Cirujano
48. Quiropráctico
49. Terapistas
50. Carpintero
51. Mecánico
52. Agente De Autos
53. Laminero
54. Gasolinera
55. Maestro
56. Maestro Substituto
57. Banquero
58. Policía
59. Tránsito
60. Constructor
61. Pintor
62. Impermeabilizantes
63. Paisajista
64. Instalador
65. Empleado De Hospital
66. Tienda Departamental
67. Tienda de Conveniencia
68. Mesero
69. Chef
70. Cajero
71. Lava Trastes
72. Autopartes
73. Electricistas
74. Tlapalería
75. Chofer
76. Farmacia
77. Director De Funeraria
78. Florista
79. Spa
80. Centro De Rehabilitación
81. Negocio de Restaurantes
82. Tintorería
83. Tienda De Electrónica
84. Reparador De Televisores
85. Reparador De Muebles
86. Renta De Autos
87. Proveedor De Cable
88. Óptica
89. Llantera
90. Agente Inmobiliario
91. Proveedor De Oficina
92. Equipos De Copiado
93. Servicios De Limpieza
94. Control De Plagas
95. Labrador De Alfombras De
96. Productos De Belleza
97. Técnico En Electrónica
98. Compañero De Golf
99. Compañero De Cacería
100. Compañero De Pesca
101. Pareja De Tenis
102. Esquí Con
103. Lanzas Dardos Con
104. Béisbol Con
105. Fútbol Con
106. Raquetbol Con
107. Natación Con
108. Jefe De Bomberos
109. Bombero
110. Estilista
111. Cosmetóloga
112. Subastador
113. Fotógrafo
114. Terapeuta
115. Cuñado/a
116. Suegro/a
117. Hermano/a
118. Padre
119. Madre
120. Primo
121. Tío/a
122. Abuelo/a
123. Abuela
124. Sobrinos
125. Mejor Amigo
126. Mejor Amigo del Cónyuge
127. Granjero
128. Ejercito
129. Fuerza Aérea
130. Naval
131. Vecinos
132. Vecinos de Familiares
133. Padrinos
134. Madrinas
135. Damas de Honor
136. Compañeros de Iglesia
137. Plomero
138. Juegas Cartas con
139. Juegas Bingo con
140. Te Ejercitas con
141. Karate
142. Director
143. Maestro
144. Entrenador
145. Director De Hijo/a
146. Maestro De Hijo/a
147. Entrenador De Hijo/a
148. Maestro De Música
149. Maestro De Piano
150. Odia Perder
151. Ama Los Retos
152. Profesor
153. Club Rotario
154. Amigos de Familiares
155. Buen Cocinero
156. Abogado
157. Departamento de Tránsito
158. Instructor
159. Cámara de Comercio
160. Hotel De Negocios
161. Imprenta
162. Encuestador
163. Locutor
164. Escritor
165. Publicista
166. Salón de Bronceado
167. Repostero
168. Bibliotecario
169. Contador
170. Editor
171. Instalador de Espectaculares
172. Piloto
173. Azafata
174. Tráfico Aéreo
175. Paramédico
176. Agente de Viajes
177. Vendedor de Antigüedades
178. Carro Blindado
179. Operador de Teléfono
180. Afinador de Pianos
181. Estación de Servicio
182. Rotulista
183. Va de Campamento Con
184. Cerrajero
185. Tapicero
186. Veterinario
187. Notario Público
188. Ortodontista
189. Maestro De Danza
190. Ama Los Mariscos
191. Usa Lentes de Contacto
192. Programador
193. Arquitecto
194. Operador de Tren
195. Taxista
196. Operador de Autobús
197. Entrenador de Animales
198. Confeccionista
199. Sastre
200. Club de Salud
201. Amante de los Animales
202. Le Encanta Cantar
203. Le Encanta Comer
204. Jardinero
205. Teléfono Celular
206. Televisión de Satélite
207. Internet
208. Genio de Computadora
209. Lista de Correo Electrónico
210. Lista de Buzón de Voz
211. Vendedor de Software
212. Compañeros de Gimnasio
213. Compañeros de Club
214. Turismo
215. Facebook
216. Twitter
217. Myspace
218. Linked In
219. Youtube
220. Google +
221. Deviant Art
222. Live Journal
223. Tagged
224. Flicker
225. Orkut
226. Cafemom
227. Ning
228. Meetup
229. My Life
230. My Yearbook

HGI — Hegerton Group International

25 Mejores Contactos

Fecha: _____
Asociado: _____
DMR: _____

	Nombre	Esposo (a)	A/C₁	Teléfono	# Oficina	Perfil₂	Fecha Contacto	Resultado	PDN	FR₃	AFP	Cliente
1.												
2												
3												
4												
5												
6												
7												
8												
9												
10												
11												
12												
13												
14												
15												
16												
17												
18												
19												
20												
21												
22												
23												
24												
25												

1 (A) Amigo / (C) Conocido
2 Perfil (1) 30+ Años, (2) Casado(a), (3) Tiene Hijos, (4) Dueños de Casa, (5) Empresario, (6) 250,000+ Ingresos, (7) Insatisfecho
3 Fecha de Registro

Sección I Mentalidad del Reclutador

Paso 2: El Contacto

Controlando el Punto de Contacto

Propósito: Hacer un contacto efectivo con un prospecto y fijar una fecha para que atienda la siguiente Presentación de Oportunidad de Negocio (PDN) en la oficina, o alternativamente, una PDN individual dentro las siguiente 24-48 horas.

El Contacto

Existen dos métodos comprobados cuales puedes usar en la fase de contacto. La clave se encuentra en escoger el método más efectivo según las circunstancias, así como la naturaleza del prospecto que intentas contactar.

- ### El Sistema de Video Drop/"La Jugada"

La forma más efectiva para contactar nuevos prospectos con respecto a la oportunidad de HGI es el Sistema de Video Drop. Haz uso de la más poderosa herramienta de reclutamiento jamás conocida –*Los Secretos Del Dinero* y el volante con la liga a www.hgimexicoplay.com --- para ejecutar "La Jugada" y llevar el Sistema de Video Drop completamente a otro nivel.

- ### El Guion de Invitación

Haciendo uso del método acercamiento comprobado de HGI, puedes contactar efectivamente a tu mercado natural mientras evitas el "Escenario del Desastre." Debes dominar el arte de convertirte en un incitador móvil.

Sección I Mentalidad del Reclutador

Controlando el Punto de Contacto

El dominio del Sistema de Video Drop/"La Jugada" y un "Guion de Invitación" de calidad son métodos comprobados para evitar el "Escenario del Desastre", Recuerda, debes controlar el punto de contacto.

"El Escenario del Desastre"

- ➢ Tu **Entusiasmo**
- ➢ Crea **Curiosidad**
- ➢ Te Hacen **Preguntas**
- ➢ Intentas **Responderlas**
- ➢ Respondes **¡¡Incorrectamente!!**
  (debido a información incorrecta o incompleta)
- ➢ Caen en **Conclusiones**
- ➢ El Resultado es **¡¡El Desastre!!**

Conviértete en un Estudiante de la Naturaleza Humana

Cuando haces la invitación, debes entender a las personas. Debes saber qué es lo que los "motiva" y qué es lo que los "desmotiva." Es necesario tomar en cuenta sus sentimientos y así como un pescador o un cazador, entender la naturaleza de la bestia, y tener cuidado en no ahuyentarlos.

Recuerda estos principios acerca de la mayoría de las personas:

1. Rápidamente caen en conclusiones.
2. Son escépticos -sufren del síndrome del "hipocondriaco".
3. Tienden a aplazar -el espíritu está deseoso pero la carne es débil.
4. Sueñan con grandes riquezas.
5. Son curiosos.
6. Piensan que no pueden vender.
7. Les desagradan los vendedores.
8. Les gustaría ser su propio jefe.
9. Les gustaría tener un negocio propio, PERO...
10. ... todos dudan en que jamás podrían o lo harían.

Sección I Mentalidad del Reclutador

Puntos Que Recordar al Hacer el Contacto:

1) **Muestra entusiasmo**
   No Dudes. Contamos con una compañía de calidad, profesional y de primera clase.

2) **No te involucres en preguntas o respuestas extensivas.**
   Para ti, esto es prematuro. Permite que lo escuchen de nuestro experimentado liderazgo.

3) **Lleva a la persona a la reunión tú mismo.**
   Ponte de acuerdo en ir por ellos, cítalos en un lugar neutral o da direcciones claras de la ubicación de tu oficina.

4) **Cuando te sea posible, invita tanto al marido como a la esposa.**
   Ambos toman decisiones.

5) **Domina tanto el Sistema de Video Drop/"La Jugada" así como el Guion de Invitación.**
   Esto te da las herramientas verbales para comunicarte efectivamente acerca de quiénes somos y qué es lo que hacemos. Aprende a ser un incitador móvil.

Sección I Mentalidad del Reclutador

El Nuevo Supercargado Sistema de Video Drop/"La Jugada"

La Clave: Hacer "La Jugada"

La mejor forma de maximizar la oportunidad de HGI y tomar ventaja de la revolucionaria Compensación Cuántica & Plan de Reconocimiento se encuentra en la ejecución de "La Jugada."

Cada persona nueva debe de estar preparado inmediatamente con las 10 folletos "Los Secretos del Dinero" y volantes con liga *www.hgiplaymexico.com*. Cada persona tendrá que experimentar un 20% de éxito mínimo con un rango de reclutamiento de al menos dos nuevas personas. La rápida e incesante repetición del nuevo Supercargado Sistema de Video Drop encenderá la más grande explosión de reclutamiento en la historia del mundo de los negocios.

"La Jugada" será el catalizador en ayudar a cientos de miles de familias mundialmente a realizar sus sueños y poner a HGI en posición de Reclutar al Planeta.

El Sistema de Video Drop ayuda a resolver múltiples problemas en el contacto de prospectos:
- No asistes solo (los Lideres clave de la compañía están contigo).
- No tendrás que hacer una presentación.
- No responderás preguntas (los videos lo harán por ti).

Este es el poderoso método que Hubert Humphrey utilizó para orquestar sus más grandes meses de reclutamiento jamás en su era en el campo. El masivo equipo de Hubert reclutó cerca de 50,000 nuevos asociados haciendo entrega de 150,000 folletos y videos en 90 días.

¿Por qué dominar La Jugada y Video Drop de HGI?

Un asociado haciendo uso del folleto/volante/ Páginas de Captura de IVO y HGI Social y el SLF:

Ciclo	Personas	10 Folletos/Volantes	Dos Movimientos	Reclutamiento 20 por ciento
1	1	10	20	4
2	5	50	100	20
3	25	250	500	100
4	125	1,250	2,500	500
5	625	6,250	12,500	2,500

Este ejemplo muestra únicamente el Uso Externo (UE) de las ventas haciendo uso de la mitad del 80 por ciento de los no recluidos quienes leyeron el folleto y vieron los videos en www.hgiplaymexico.com:

Ciclo	Personas	10 Folletos/Volantes	Dos Movimientos	Mitad del 80 por ciento
1	1	10	20	8
2	5	50	100	40
3	25	250	500	200
4	125	1,250	2,500	2,000
5	325	6,250	12,500	10,000

Este es un escenario hipotético con propósitos ilustrativos únicamente. No se asegura la obtención de estos resultados. Los ciclos representan cada distribución de folletos/volantes con liga a videos / Embudos de IVO y HGI Social.

Sección I Mentalidad del Reclutador

Flujo del Nuevo Supercargado Sistema de Video Drop

Preparación Para el Pre-Drop:

- Entrena a tu equipo en el uso del Sistema de Video Drop
- Dota a tu equipo con 10 folletos de Los Secretos del Dinero/Volantes cada uno
- Mantente preparado para dotar a cada nuevo recluta con 10 Folletos/Volantes y el manual de SLF
- Ten un plan de distribución para los Folletos/Volantes
- Tu meta tendrá que ser el entregar los 10 Folletos/Volantes lo más pronto posible siguiendo el sistema.
- La mejor forma de ejecutar la entrega de los Folletos/Volantes es hacerlo sin anunciarlo. Si sientes que necesitas llamarlos, hazlo desde tu teléfono celular cuando estés a unos minutos de su casa.
- Recuerda que lo único que tienes que decirle a las personas en respuesta a las preguntas que te puedan hacer es, "Sólo lee el folleto y mira los videos en la liga." No entres en detalles. Evita el "Escenario del Desastre" a cualquier costo.
- También es importante agendes la Teleconferencia de Tres Vías con tu Líder en las siguientes 24-48 horas una vez entregado del material.

El Video Drop:

No puedes fracasar. ¿Qué tan complicado puede ser? Haces entrega de los Folletos/Volantes si se encuentran en casa. De no ser así de cualquier manera la dejas.

1. **Muestra Entusiasmo** - El lenguaje corporal lo es todo.

2. **Frase de introducción** - "Estoy muy emocionado. Este folleto y este volante con liga a página de videos son acerca de una compañía que está haciendo cosas fabulosas para ayudar a las personas, y tiene el más grande potencial de ingresos de cualquier negocio que jamás haya visto. Lo único que tienes que hacer es leer el folleto y ver los videos."

3. **Haz entrega del Folleto y el volante.**

4. **Frase de Despedida** -"Sé que te interesa saber más, pero por el momento no tengo tiempo. Lee el folleto y mira los videos, yo me pondré en contacto contigo dentro de las siguientes 24 -48 horas, al menos que me busques antes. Muchas gracias. Nos vemos pronto."

¡Retírate inmediatamente! Nunca te quedes comentar el folleto o con ellos.

Sección I Mentalidad del Reclutador

La Llamada de Seguimiento de Tres Vías

El Propósito: El objetivo de esta llamada de tres vías es activar los botones de "Ambición" y "Curiosidad" del nuevo prospecto para intrigarlo a atender la PDN y entonces enrolarse con HGI.

Lo primero con lo que el nuevo recluta se encuentra es un problema de credibilidad con respecto a sus nuevos amigos y asociados. El prospecto hace entrega del "factor de confianza" y el Líder Ascendente hace entrega del "factor de credibilidad."

El Líder Ascendente llama al nuevo prospecto y dice:

"Hola _____ (nuevo prospecto), habla _____ (Líder) Soy un _____ (título del líder) con Hegemon Group International y me encuentro laborando con _____ (nuevo Asociado), quien es una de las personas más prominentes de los líderes integrándose a esta área. Cuando le pregunte a _____ (nuevo Asociado) quien era alguna de las personas más ambiciosas que él/ella conoce, tu nombre fue el primero de la lista. Estoy enterado de que _____ (nuevo Asociado) te dio uno de nuestros folletos y liga a unos videos. ¿Tuviste la oportunidad de revisarlos? "

Si la respuesta es "NO, aún no lo he hecho, "El Líder Ascendente entonces dice:

"No hay problema, pero sabes esta compañía está llamando mucho la atención y los folletos son muy solicitados. Tendré que enviar a _____ (nuevo Asociado) para que pase a recogerlos el día de mañana. Te invito a darle un vistazo antes de que _____ (nuevo Asociado) pase por ellos. Entonces podrás decidir si esta oportunidad te conviene."

Si la respuesta es "SI, ya lo hice, "El Líder Ascendente entonces dice:

"Que bien, _____ (nuevo Asociado) y yo estamos muy entusiasmados con esto. HGI está haciendo cosas fabulosas para ayudar a la gente, y tiene el más grande potencial de ingresos que cualquier otra oportunidad que jamás haya visto. No vas a creer el equipo tan dinámico que _____ (nuevo Asociado) está formando. Al paso que va, deberá estar ganando un segundo ingreso de más de $100,000 dentro de los próximos seis meses. _____ (nuevo Asociado) se encuentra aquí conmigo y quiere saludarte."

El Recluta entonces dice:

"Hola _____ (nuevo prospecto), jamás he visto algo así. El potencial de ingresos es verdaderamente sorprendente, y sabes que si yo puedo hacerlo, también tú puedes. Te comunico con _____ (Líder) nuevamente. En verdad no sabes que buen líder es. _____ (Líder) es una prueba viviente de que este negocio en verdad funciona. También estamos trabajando con _____ (Líder Ascendente), quien aparece en el video _____de la *Oportunidad*."

Líder Ascendente dice:

"Hola _____ (nuevo prospecto), Estoy seguro que te gustaría saber cómo duplicar o triplicar tus ingresos dentro de los siguientes pocos meses. Tendrás que ajustar tu agenda y hacer espacio de una hora para enterarte de esto – podría ser el martes o jueves por la tarde a las 7:30. ¿Cuál de esos días te parece mejor? (ER) "Perfecto, "_____ (nuevo prospecto) podría pasar por ti alrededor de las __:__ o si prefieres podrías seguirlo en tu auto a nuestra oficina. Espero verte la tarde del _____."

Si la respuesta es "SI" con inseguridad o se resiste El Líder Ascendente entonces dice:

"_____ (nuevo prospecto), sé que te encuentras ocupado como todos, pero también sé eres una persona que quiere mejorar tu calidad de vida. ¿Tengo razón?

Si la respuesta es "SI", vuelve al Guion.

Si la respuesta es "NO," El Líder Ascendente entonces dice:
"Comprendo _____ (nuevo Prospecto). _____ (nuevo Asociado) tenemos otras llamadas por hacer, pero nos encantaría reunirnos contigo si las circunstancias cambian. Incluso, necesitaríamos verte para mostrarte nuestros conceptos financieros orientados al consumidor para que tú y tu familia tengan la oportunidad de ahorrar más dinero sin tener que sacrificar su actual nivel de vida."

(Haz una cita para hacer una presentación de sobre los conceptos financieros que manejamos en HGI)

La clave es que tu Líder Ascendente te apoye a dar el seguimiento de las entregas de Folletos/volantes y maximice tus resultados.

SYSTEMA DE CONTROL PARA TIRAJE DE FOLLETOS

NOMBRE _____ SEMANA DE _____

# de folletos Comprados esta semana	# de folletos colocados esta semana		# de folletos recuperados esta semana			# de nuevos asociados reclutados esta semana		# de presentaciones análisis financieros y de productos		# de ventas esta semana	
Nombre de prospecto	Número de teléfono	Fecha de colocación	Fecha de seguimiento por teléfono	Fecha que acudió al presentación HGI	Fecha en que se recogió el folleto	Capacitador que le fue asignado	Fecha de reclutamiento	Análisis financiero personal	Resultado de producción

Sección I Mentalidad del Reclutador

Paso 3: La Presentación
Presentación de Oportunidad de Negocio
Propósito: Hacer Venta del Sueño.

La Presentación

No existe reunión de mayor importancia para ti que tu siguiente Presentación de Oportunidad de Negocio (PDN).

Los motivos principales de una PDN:

1. Revender el sueño a tus Líderes existentes.
2. Enseñar a los Líderes existentes cómo vender el sueño.
3. Venderle el sueño a los nuevos prospectos y establecer una Entrevista de Inicio para dentro de los siguientes uno o dos días.

Antes de revisar lo que pasa en una PDN en sí misma, será oportuno profundizar en las dinámicas de una reunión exitosa.

Crea la "MoZone" – operando La Máquina-Vendedora de Sueños creando un ambiente profesional de reclutamiento emocionante y de calidad. Capitaliza la magia de las multitudes, la sinergia que se crea por grandes grupos de personas.

Entre más personas tengas, mayor el sentido de urgencia de entrar y comenzar. La emoción y el entusiasmo se vuelven contagiosos. El éxito de tus reuniones será dictado por el tamaño de tus multitudes. Con Hegemon Group International, tienes tanto con que trabajar que es prácticamente imposible dar una "mala" presentación.

- **La PDN**
  La psicología de la PDN ha comprobado ser altamente exitosa. Lo único que tienes que hacer es aprender a dominarla.

- **La PDN individual**
  La segunda opción es la PDN individual. Enfócate en cómo hacer una poderosa presentación personal poderosa.

- **La PDC**
  La tercera opción es la PDC. La Presentación de Oportunidad en Casa provee una atmósfera íntima para amigos, familiares y colegas.

Sección I Mentalidad del Reclutador

Creando el MoZone en la PDN

(MoZone = Zona de Motivación)

1. **Prepárate mentalmente.**

   Tu entusiasmo, convicción, y espíritu de equipo serán de crucial influencia en la impresión que demás.

2. **Recuerda, las personas responden basadas más en lo que sienten que en lo que escuchan.**

   Estudios muestran que lo que se le comunica realmente a las personas se basa en lo siguiente:
   - 7% contenido (verbal)
   - 38% tono de voz
   - 55% lenguaje corporal

No solo estamos atrayendo personas a un negocio, ¡las estamos atrayendo a nuestro **ambiente**!

La atmósfera dentro del salón en una PDN o cualquier otra sesión de entrenamiento es crucial para una reunión de reclutamiento exitosa. Llega al menos 30 minutos antes que una Presentación de Oportunidad de Negocio para que así tus invitados ayuden a la creación y el beneficio de la "MoZone." Ten carteles de HGI, posters, galardones y música estimulante para crear la atmósfera adecuada en tu salón juntas.

3. **Asegúrate de tener una imagen profesional.**

   Debes estar vestido para una reunión de negocios. Un atuendo de negocios apropiado (saco y corbata para los hombres, vestimenta formal para las mujeres) debe usarse por todos los invitados y miembros del equipo.

4. **Cuando llegues, ve directamente al salón de Oportunidad de Negocio.**

   Circula alrededor y ayuda a crear una atmósfera amigable. Asegúrate de saludar personalmente a cada invitado. Quédate en el salón hasta que todos los anuncios se hayan dado y se les permita retirarse para otras clases, etc....

   1) **No** te pasees por los pasillos, lobby, banquetas, estacionamiento, etc.... si estás esperando a algún invitado espera dentro del salón de la junta únicamente.

   2) **No** neutralices la emoción del ambiente con detalles técnicos o negativos.

5. **Asegúrate de que TODOS los miembros se registren y se les dé un gafete.**

   (Utiliza gafetes estándar – rojo para invitados nuevos, azul para asociados existentes.)

Sección I Mentalidad del Reclutador

Creando el MoZone en la PDN *(continuación)*

6. **Haz uso propio del "Constructivismo de Liderazgo"**
   Presenta a tu invitado(s) con tus líderes y el ponente. Esto ayuda a desarrollar cercanía entre él y tu(s) invitado(s). Asegúrate de usar el nombre de tu invitado frecuentemente durante la conversación con el ponente para asegurar que lo memorice, y así pueda usarlo durante la interacción en la reunión. Recuerda, el uso del nombre de una persona es una forma positiva de reconocimiento.

7. **Encuentra un lugar para tu(s) invitado(s) cerca del frente.**
   Ocupada los lugares libres antes de pedir que se pongan más. Habrá una persona encargada de esto; ¡Tú y tu(s) invitado(s) no deben poner sillas! No te sientes con tu invitado al menos que vayas a quedarte toda la reunión.

8. **Si no vas a quedarte en la reunión con tu(s) invitado(s)...**
   Diles que mientras conviven con_____, te encontrarás en el salón de al lado en una clase de entrenamiento y que los verás tan pronto la reunión concluya, y que disfruten del tiempo que estén con_____.

9. **Si te vas a quedar en la reunión con tu(s) invitado(s)...**
1) **No** platiques durante la reunión.
2) **No** respondas preguntas que el ponente le haga al público durante la reunión.
3) **No** te levantes y abandones la reunión durante su transcurso.
4) **Recuerda**, antes que nada la reunión es para los **invitados**. Si tienes preguntas, deseas hacer comentarios o tienes asuntos que tratar, espera que **todos** los **invitados** se hayan retirado.

Durante el transcurso de la reunión:

¡Es de suma importancia que cualquier conversación o negocio efectuado en el lobby o los pasillos sea en un tono de voz bajo para no molestar o distraer a los que se encuentren en la reunión! Así también, nunca reingreses a la misma durante su transcurso. Los invitados que lleguen tarde deberán de ser atendidos uno a uno.

Sección I Mentalidad del Reclutador

El Flujo de la PDN

Ahora que todos conocen su rol y asignación, es hora del espectáculo:

- La MoZone comienza propiamente 30 minutos antes de la reunión. Todos los Líderes deben encontrarse en el salón con sus invitados presentándose con los demás, haciendo uso del constructivismo de Liderazgo.
- La reunión siempre debe comenzar puntualmente con todos los presentes dentro del salón principal.
- La persona quien empiece la reunión siempre debe:

  - Darle la bienvenida al público.
  - Hacer que entren en ambiente.
  - Recordarle a las personas apagar sus celulares.
  - Pedirle a la gente haga sus preguntas al final.
  - Ser constructivo con el presentador de la PDN y darle una introducción propia.

- Después de la introducción y los anuncios, los nuevos invitados permanecerán en el salón de juntas y los asociados más nuevos deberán seguir las instrucciones para dirigirse a su clase apropiada de forma ordenada.

- Cinco minutos antes de que termine la PDN, todos los instructores y asistentes a clases deberán regresar al salón principal para la última parte de la junta y para situarse en su lugar para efectuar las entrevistas de seguimiento con los invitados.

Normatividad en la PDN

Para efectuar una presentación de manera efectiva, debes hacer uso de las herramientas de mercadotecnia adecuadas:

- Las oficinas más amplias de HGI deberán contar con lo último en tecnología – la laptop tendrá que estar conectada a la unidad de proyección. Esto es lo más vanguardista en Presentaciones de Negocios, el uso del revolucionario software de HGI permite a los ponentes de PDN realizar una presentación completamente en multimedia.
- La mayoría de las oficinas deberán comenzar con nuestro estándar, el equipamiento grafico/visual de las PDN y un cañón proyector con la mejor calidad y nitidez de imagen que sea posible.
- El más reciente folleto digital de PDN de HGI se encuentra disponible en el centro comercial de la compañía y se deberá manufacturar/reproducir en un centro de servicio de alta calidad en tu área para crear diapositivas de alto contraste para tu presentación.
- La exposición del video más reciente de reclutamiento de HGI es opcional, pero siempre deberás hacer uso de uno estandarizado para las PDN de HGI.
- Estas PDN han comprobado funcionar en nuestros mercados más grandes. Estudia los videos de entrenamiento de la Presentación Ganadora para así efectuarla de la manera más dinámica y efectiva que sea posible.

Sección I Mentalidad del Reclutador

El Papel del Presentador de la PDN

- El Presentador de la PDN debe de ser tu líder más dinámico, entusiasta y fuerte del centro con un historial de éxito actual.
- El Presentador de la PDN debe estudiar y dominar el contenido de los videos de la PDN para aprender cómo dar una presentación exitosa.
- El Presentador de la PDN no debe ser rotado – Siempre tendrá que ser tu mejor Líder.
- El Presentador de la PDN debe tener "mentalidad de cerrador" para ayudar a motivar al prospecto a una sesión de reclutamiento.
- Si tu mejor presentador siente que no puede hacer su mejor esfuerzo para alguno de los días programados, sustitúyelo con el siguiente mejor presentador.
- Este no es un lugar de ensayo. Las personas hacen un gran esfuerzo para traer invitados a la PDN. Deja que los presentadores practiquen en su casa con sus familias.
- Mantén los desalientos lejos del presentador antes de la PDN. Él se debe encontrar emocionado.

Después de la Reunión

1. Las personas no desean ser guiadas o dirigidas

2. Lleva a tu(s) invitado(s) a recoger un kit de decisión de PDN, evita siempre el "Escenario del Desastre."

3. Una vez tu(s) invitado(s) obtengan el kit llévalo(s) con tu Líder a agendar una entrevista de seguimiento. Si se opone(n) o resiste(n), mantén el control y llévalo(s) con tu Líder para presentarlos.

4. Al agendar la cita, sé cooperativo con la persona que hace la cita.

   Si tu(s) invitado(s) necesita(n) re agendar su(s) cita(s), dile(s) que llamen a la persona con quien la hicieron para ajustar la fecha y que lo haga(n) lo más pronto posible.

5. Es de suma importancia que todos estos pasos (los primeros tres filtros rápidos) se efectúen en un lapso de 10 a 15 minutos.

6. Asegúrate que todos los invitados respondan el cuestionario de PDN antes de retirarse y lo entreguen al Líder ascendente.

7. El tiempo es la esencia. El momento de mayor emoción del recluta será al dejar la reunión. Las primeras 24 a 48 horas requieren de la mayor atención tanto tuya como la de tu Líder.

El Kit de Decisión de PDN

Debes preparar Kits de decisión de PDN con anticipación para tus invitados. Estos paquetes serán vendidos a un X precio (normalmente $50 pesos) y deberán incluir nuestras más recientes y mejores versiones aprobadas de material de reclutamiento.

Sección I Mentalidad del Reclutador

La Reunión Después de la Reunión

Una vez se hayan asignado todas las citas de los nuevos invitados, es hora para la reunión después de la reunión:

- Es tu oportunidad para una agrupación semanal con tus líderes.
- Identifica a los nuevos miembros del equipo y preséntalos con él equipo.
- Desarrolla relaciones entre el equipo completo.
- Entrégate al enfoque – ayuda al equipo a mantenerse enfocado.
- Platica los objetivos del mes en curso y revende la visión.
- Identifica a los Líderes potenciales y a los miembros con talento.
- El objetivo principal es la determinación de la meta de la semana en curso, comparte la responsabilidad con los Líderes de equipo.
- Cada miembro del equipo debe dejar la reunión enterado de su responsabilidad para la semana.

Áreas Clave de Enfoque en la PDN

- Monitorea al número de personas – "nuevas" y "antiguas" – que tengas en tus PDN. Utiliza la hoja de Proyección de Posibilidades y la Bitácora de Asistencia a PDN.

- El número promedio de personas por mes en tus PDN = promedio de ventas mensuales en tu sede base.

- "Donde el desempeño es medido, el desempeño mejora"

Sección I Mentalidad del Reclutador

PDN Personales/Individuales/En Casa

1. **PDN Individual/Personal (PDN Presentación de Oportunidad de Negocio)**

2. **PDC Individual/Personal (PDC Presentación de Oportunidad en Casa)**

- La PDN de HGI más reciente
- De tres a 10 parejas clave
- Kit de Decisión de PDN/ Folleto y volante "Los Secretos del Dinero"
- Entusiasmo con respecto a la oportunidad
- Nutre al grupo de tu PDN
- Dos a tres por semana

¿QUÉ? Cuando no puedes llevar al prospecto a una PDN grupal, lleva la presentación a ellos. (Usa a los líderes en curso valiéndote del rota folio Visión).

¿DONDE? Casa, oficina, restaurant, trabajo, donde dos o más se reúnan.

¿CUANDO? Desayuno, almuerzo, comida, tarde, cena, noche (a cualquier hora, todo el tiempo).

¿QUIEN? Amigos, vecinos, parientes, colegas, contactos sociales, socios de negocios (quien sea y todos).

¿COMO? Con entusiasmo y emoción.

Dinámica y Objetivamente.

Nutre al grupo de tu PDN.

CUESTIONARIO DE PRESENTACION

Nombre:	Celular:
Teléfono:	E-mail:
Domicilio:	Facebook:
Ciudad, Edo., C.P.:	Twitter:
¿Quién te invito?:	DM Ascendente:

Decisiones/Objetivos:

Estoy Interesado en:

EL NEGOCIO

- ☐ Estoy interesado en obtener un segundo ingreso.
- ☐ Estoy listo para enrolarme y empezar ahora.
- ☐ Quiero comenzar _____ tardes por semana.

LOS CONCEPTOS Y PRODUCTOS

- ☐ Me interesa desarrollar seguridad financiera para mi familia.
- ☐ Me interesa una reseña completa de los servicios financieros.
- ☐ Me interesa una evaluación de mi préstamo hipotecario.
- ☐ Planeo comprar o vender una propiedad en los próximos meses.
- ☐ Me interesa un análisis de mis necesidades financieras o de inversión.
- ☐ Quiero aprender a ahorrar dinero.

COMENTARIOS:

_____
_____
_____

FAVOR DE ENTREGAR ANTES DE RETIRARTE

Sección II Modo de Pensar del Desarrollador

Los Ocho Filtros del SLF

Estos filtros son el mejor recurso para mantener el seguimiento de un nuevo recluta en su camino al éxito, y así también son los supremos indicadores de interés.

Filtros 1- 4 – Paso 4: El Seguimiento
Filtro No. 1 – Quédate al Concluir la Reunión.

Si tu invitado no tiene prisa por dirigirse a la salida, y quiere quedarse después de la reunión, este es el primer signo de que tienes un potencial nuevo recluta.

Al finalizar la reunión, dirígete de inmediato con tu(s) invitado(s), incita humor positivo, dile(s):
"¿No te/les pareció excelente?, ven/vengan, vamos por un kit." No les hagas preguntas acerca de que piensan.

Si acceden:

Lleva a tu(s) invitado(s) por un kit, enseguida a que conozcan a tu Líder para agendar una cita para la entrevista de Inicio. Si se oponen o no quieren adquirir el kit, di: "Bueno, solo que le prometí a _____ que pasaríamos a despedirnos antes de retirarnos." Mantén el control y dirigirte con tu Líder. Cuando llegues di, "_____ quiere despedirse de ti," y permite que tu Líder se encargue en ese momento.

Filtro No. 2 – Obtén un Kit de Decisión.

Si tu nuevo recluta adquiere un kit de decisión, sabrás que lo están tomando en serio y quieren saber más acerca de la oportunidad.

La razón por la cual el kit tiene un módico costo y no se obsequia es porque cualquiera acepta algo que es gratis. Sería imposible determinar qué tan en serio lo están tomando.

El Líder dará un kit que debe incluir lo siguiente dentro de un sobre:

- Legado De Liderazgo/Liga para Videos IVO o HGI Social
- Folleto "Reconocimientos"
- Tríptico La Presentación de Negocios.
- Lista de chequeo de Inicio Rápido.

Sección II Modo de Pensar del Desarrollador

Filtro No. 3– Establece una Entrevista de Comienzo.

El agendar una entrevista de Comienzo es el siguiente filtro para determinar el nivel de compromiso de tu(s) nuevo(s) invitado(s). Coopera con la persona encargada de las citas. Permite que el Líder se encargue de manejar las objeciones que el invitado pueda tener.

Si tu(s) invitado(s) se ven en la necesidad de re agendar la cita, dile(s) que pueden llamar a la persona con quien la hicieron, y que lo hagan lo más pronto posible. Una vez te enteres de esto, llama a tu Líder inmediatamente e infórmale que tu invitado lo llamará para re agendar.

Filtro No. 4 – Cumple con la Cita y Haz el Contrato.

Este es el último y más importante filtro en el paso 4 – La Entrevista de Seguimiento. Cuando el nuevo prospecto regresa para la Entrevista de Comienzo (página 68) y se une a la compañía, es un signo de mayor compromiso de una persona que en verdad está tomando enserio el negocio.

Sección II Modo de Pensar del Desarrollador

Paso 5: El Comienzo
El Reto del Inicio Rápido

Propósito: La Entrevista de Comienzo es una forma sistemática de llevar al nuevo recluta a un comienzo rápido completando los Filtros 5-8 de los Ocho Filtros.

El Comienzo

Justo como los primeros días en la vida de un recién nacido son críticos para el desarrollo de su salud y bienestar, los primeros días del nuevo recluta lo son para establecer el tono de su carrera de negocios.

Mientras todos los componentes del comienzo son importantes, no existe nada más crítico que comenzar a desarrollar el negocio del recluta rodeándolo de sus nuevos compañeros recluidos. Es de suma importancia que le infundas al nuevo recluta un 100% de compromiso para su crecimiento desde el primer día.

1. **El Proceso de Comienzo (Filtros No. 5 – 8)**
   - Desarrolla una Lista de Prospectos.
   - Establece/Crea Un Plan de Negocios.
   - Realiza un Análisis de Necesidades Financieras (ANF) de Consumo Interno como se requiera.
   - Haz Pareja con un Desarrollador de Campo para Calificar al Ascenso del Asociado.

2. **Desarrollo en Campo.**
   El Desarrollo en Campo es un área de enfoque de suma importancia en la actividad de tu negocio. Para tener éxito, debes convertirte en un Desarrollador en campo experto y establecer el prototipo de los miembros de tu equipo para después duplicarlo.

3. **La Magia del Sistema de Formación de Parejas.**
   El Sistema de Formación de Parejas es la clave para tu habilidad de continuar ampliándote con nuevos líderes directos.

4. **Como Construir una Sede Base de Gran Tamaño.**

   El futuro de HGI le pertenece a aquellos con una Sede Base grande.

5. **El Proceso de Ventas**

   Recuerda que cada presentación es una presentación de reclutamiento. Siempre vende los conceptos de HGI primero, y al cierre de cada una de estas pide referidos.

Sección II Modo de Pensar del Desarrollador

Filtros 5-8 – Paso 5: El Inicio

Filtro No. 5 – Desarrolla una Lista de Prospectos.

Cuando un nuevo recluta tiene el deseo de crear una lista de prospectos, sabrás que están entusiasmados con nuestra oportunidad y en verdad quieren compartirla con las personas que conocen.

- Comienza una lista junto con ellos, y tú como Líder muéstrales cómo elaborarla. Haz que participe su cónyuge cada que sea posible.
- Califica a los 25 Principales para un comienzo rápido.
- Enséñale al nuevo recluta como convertirse en un maestro invitador y repasa el Escenario del Desastre.
- Utiliza la tercera columna de tu lista de 25 Principales prospectos (pág. 26). Mantén una copia de la lista para para tener un registro y monitorees el progreso del nuevo recluta. Ten una copia más para el DMN ascendente.
- Así también, para maximizar la influencia del nuevo recluta, asegúrate que firmen por lo menos 25 cartas de referidos.

Filtro No. 6 – Establecimiento de Metas/Creación de un Plan de Negocios.

Cuando el nuevo recluta comparte sus sueños contigo y establece objetivos por cumplir, sabrás que ahora comienzan su camino al éxito. Repasa los componentes del Plan de Negocios Ganador y la hoja de trabajo del Plan de Negocios (pág. 72) para que les ayudes a comenzar.

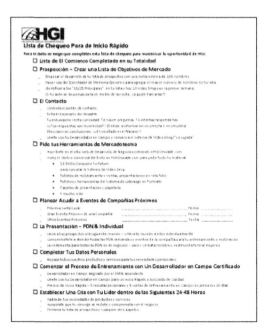

Sección II Modo de Pensar del Desarrollador

Filtro No. 7 – Realiza un Análisis de Necesidades Financieras (ANF) / Consumo Interno Como Sea Requerido.

Uno de los mayores indicadores del compromiso de una persona es cuando toman acción y comienzan a desarrollar su propio equipo.

1. Asigna un Desarrollador en Campo para cada nuevo recluta de inmediato.

2. El Desarrollador en Campo controla el punto de contacto mientras el nuevo recluta hace uso del sistema de video drop para llevar nuevos prospectos a la siguiente PDN. El nuevo recluta deberá adquirir 10 folletos y rotarlos por lo menos dos y media veces, cuales deberán resultar en un total de 10-15 presentaciones.

3. El Desarrollador en Campo se encargará de las PDN individuales junto con el nuevo recluta. (para aquellos que no asistieron a la PDN grupal)

4. El Desarrollador en Campo conduce las entrevistas de Comienzo.

5. El Desarrollador en Campo apoyará en el entrenamiento de ventas de campo. Para más detalles revisa la sección de Desarrollo en Campo.

6. Asegúrate de que cada nuevo recluta se enrole con HGI para asegurar que se trata de nuevos reclutas de calidad.

7. Califica para un Premio de Comienzo Rápido con 5 nuevos reclutas personales de calidad y 5 entrenamientos de ventas en campo en los primeros 30 días.

Filtro No. 8 – Haz Pareja con un Constructor en Campo para ser Calificado al Ascenso del Asociado.

Cuando un nuevo recluta completa sus datos personales, sabrás es una persona comprometida quien cree en lo que hacemos por la gente. Es difícil hacer que otros se comprometan a algo que de lo cual tú no haces practica de igual forma.

El Líder revisa los datos del nuevo asociado y su cónyuge para ayudarles a determinar cuáles conceptos y productos se ajustan a sus necesidades individuales.

Sección II Modo de Pensar del Desarrollador

Esquema de la Entrevista de Comienzo

El punto de enfoque en la Entrevista para El Comienzo es dar inicio al proceso de una nueva persona, levarlos a través los Filtros 5-8 y agilizar si iniciación.

- Estas son las herramientas con las que debes contar para conducir todas las entrevistas:
    - Esquema de Entrevista del Comienzo   – Folleto de Planes de Compensación Cuántica & Reconocimiento.
    - Lista de Chequeo de Iniciación   - Carta de Referido
    - Lista de Chequeo de Inicio Rápido   - Hoja de Trabajo de Plan de Negocios
    - Ejercitador de Memoria
    - Forma de Lista de Mercado de 25 Objetivos Principales
    - Reporte de Rotación de Folletos/Volantes

Puntos Clave de Enfoque
- Cerciórate que las entrevistas se realicen desde la oficina durante un horario prudente.
- Las personas en capacitación deberán estar presentes de ser posible, y apoyar positivamente al Líder.
- Durante los primeros 5- 10 minutos de la entrevista dedícate a armonizar con el nuevo prospecto.
- Las siguientes preguntas te servirán como esquema para tu entrevista:

1) Háblame un poco acerca de ti, de dónde eres, cuáles son tus intereses, en dónde estudiaste, cuál es tu historial de negocios, etc.
2) De lo que has visto y escuchado de Hegemon Group International, ¿Cuáles aspectos te intrigan más?
3) ¿Si fueses a darle una oportunidad a nuestro negocio, por qué motivo lo harías?
4) ¿Tienes alguna pregunta en particular con respecto al negocio o nuestra compañía?
5) Por lo que me has dicho, no podría encontrar alguna razón lógica por la cual no deberías darle una oportunidad a este negocio, ¿Podrías hacerlo?
6) **¿De mi parte esperas un Liderazgo fuerte o un Liderazgo débil?**
    - **Un Líder débil no opera el sistema y se lo deja todo a la oportunidad.**
    - **Un Líder fuerte es alguien quien te llevara a través de cada paso sin dejar nada a la oportunidad.**

- Existen cuatro prioridades cuales necesitamos cubrir para ponerte en camino:

1) Completar el proceso de inscripción de HGI una vez se realice la entrevista.
    - Llena el Acuerdo de Membresía de Asociado de HGI en línea.
    - Completa la Lista de Chequeo de Comienzo.
    - Completa la Lista de Chequeo de Inicio Rápido.
2) Identifica la Lista de 25 Principales Prospectos, adquiere las 10 <u>Folletos/Volantes y HGI Social o IVO</u> para comenzar el Sistema de Video Drop/ejecutar "La Jugada."
3) Reúnete en sitio con tu Desarrollador en Campo dentro de 24-48 horas para un Inicio Rápido.
4) Establece una hora para ver la recluta y a su cónyuge para entonces desarrollar su plan de negocios, y revisar sus datos para definir qué productos cumplirán sus necesidades.

Instrucciones de Inicio Rápido

El éxito demanda que completes los pasos de esta hoja para maximizar la oportunidad de HGI.

Paso 1   Registro

- Integrarte a HGI por medio de la liga que la persona que te invitó te proporcionará
- Recibir tu nombre de usuario, clave de acceso y liga personal de tu página HGI.

Paso 2   Cumplir con Filtros del 5 al 8 del Sistema de Liderazgo.

- Reunirte con la persona que invitó para establecer metas, iniciar tu plan de trabajo y desarrollar tu lista de prospectos lo ante posible con la ayuda de líder ascendente.
- Completar tu análisis financiero personal. Hacer tu autoconsumo de acuerdo a lo que el análisis financiero determine.
- Obtener calendario de webinars de capacitación y entrenamientos presenciales.

Paso 3   Cedulación

- Obtener cita en www.cnsf.gob.mx para presentar y aprobar los exámenes correspondientes, habiendo hecho el pago de los derechos en la institución bancaria referida por el proveedor. La calificación mínima aprobatoria es 60 y para exentar un mínimo de 80 puntos sobre 100.
- Estudiar los tres módulos de la cedula A1 que son necesarios, por medio de proveedores por internet, por webinars con capacitador certificado, por sesiones presenciales con capacitador certificado, o autoestudio con material y simuladores para examen.
- Sitio para estudiar en internet son:
    - www.hgimexico.com.mx (Universidad)

Nota: Recuerda que puedes participar en el programa de becas para recibir un reembolso parcial de los costos de la capacitación en tu desarrollo como Asesor Financiero y cedulación como agente de seguros.

Paso 4   Habilitar pago de comisiones

- Darte de alta en hacienda para poder recibir sin problema tus comisiones y facturar electrónicamente. (Esto durante el transcurso de estos pasos)

Bienvenidos a una gran carrera de gran proyección en la actualidad, y con el gran apoyo de HGI para este objetivo.

Lista A Cumplir Para Un Inicio Rápido.

El éxito exige que completes esta lista de chequeo para maximizar la oportunidad de HGI.

- ☐ **Completar en su totalidad la siguiente lista para un inicio rápido.**
- ☐ **Leer Las Secciones 1 y 2 del SLF**
    - o **Prospección – Identificar a quiénes de tu lista invitarás a formar parte de tu equipo o que puedan ser clientes potenciales.**
        - _ Identificar a los "25 Principales" en tu lista y haz 10 "Video Drops" en la primer semana.
        (Si tu auto se descompusiera en medio de la noche, ¿a quién llamarías?)
        La meta es realizar tus tres ventas de capacitación en los primeros 15 días de haberte iniciado con HGI.
    - o **El Contacto – Aprender a concretar citas que podrás atender con la ayuda de tu capacitador o líder ascendente.**
        - _ Controla el punto de contacto.
        - _ Evita el escenario del desastre.
        - _ Guiones para concretar cita con los prospectos de tu lista.
        Tu entusiasmo incita curiosidad. Te hacen preguntas. Tú intentas responderlas.
        ¡¡¡Tus respuestas son incorrectas!!! (Debido a información incorrecta o incompleta)
        Ellos caen en conclusiones. ¡¡¡El resultado es el fracaso!!!
        - _ Únete con tu Desarrollador en Campo y comienza el Sistema de Video Drop/"La Jugada"
- ☐ **Pide tus Herramientas de Mercadotecnia**
    - _ Inscribirte en el sitio web de Desarrollo de Negocios entrando a www.hgimexico.com.mx
    - _ Visita el Centro Comercial del Éxito en www.hgimexico.com.mx para pedir todo tu material:
        - IVO o HGI Social para ejecutar el Sistema de Video Drop vía correo electrónico
        - Folletos de reclutamiento y ventas, presentaciones en rota folio
        - Folletos y herramientas del Sistema de Liderazgo en Formato
        - Tarjetas de presentación y papelería
        - Y mucho más...
- ☐ **Planear Acudir a Eventos de Compañías Próximos**
    - _ Próxima Junta Local _____ Fecha: _____
    - _ Gran Evento Próximo de una Compañía _____ Fecha: _____
    - _ Otros Eventos Próximos _____ Fecha: _____
    - _ Leer la sección de Director de Motivación en el SLF.
- ☐ **Certificaciones de HGI**
    - _ Sistema de Liderazgo en Formato
    - _ Análisis financiero
- ☐ **Certificaciones de los proveedores**
    - - Productos de los proveedores

Sección II Modo de Pensar del Desarrollador

Los 6 Componentes de Un Gran Plan de Negocios

Un plan de negocios ganador ayuda al desarrollo de un claro y conciso plan de acción para guiar tu actividad y así mismo mejorar de manera dramática tu nivel de desempeño.

El más grande ejemplo de Establecimiento de Metas y Plan de Desarrollo de Negocios es el libro motivacional de todos los tiempos de Napoleón Hill, *Piensa & Enriquécete*. Estudia de cerca la sección titulada: *"Seis formas de Convertir Tus Deseos en Oro."*

1. Fija tu mente en la cantidad exacta de nuevos asociados, ventas, ascensos, ingresos, etc. que deseas. No es suficiente simplemente decir, "Quiero muchos nuevos asociados, ventas, ascensos, ingresos." ¡Sé tan definitivo como la cantidad! Existe una razón psicológica por la cual serlo.
2. Determina de manera exacta lo que pretendes dar a cambio, para lograr tus metas y sueños necesitas desear. No existe una realidad tal como "algo o nada." Debes estar comprometido – "Tendré por lo menos cinco citas esta semana, cinco asistentes a PDN, etc."
3. Establece una fecha definitiva de cuándo te propones a poseer lo que está en tus metas. Comprométete con tus fechas límite.
4. Crea un plan definitivo para llevar acabo tu deseo y que sea de una vez, estés o no preparado en llevar este plan a la acción.
5. Escribe una declaración clara y concisa de qué metas y objetivos específicos pretendes lograr, determina el tiempo límite para la adquisición de esto, declara lo que pretendes dar a cambio por las cosas que deseas, y describe el plan claramente por medio del cual lograrás tus metas.
6. Lee en voz alta tu declaración escrita, dos veces diarias, una antes de acostarte a descansar y otra al levantarte en la mañana: mientras lees visualiza, siente y cree que ya te encuentras en posesión de estas metas y objetivos. Es especialmente importante que observes y sigas las instrucciones en este párrafo. Quizá puedes pensar que es imposible para ti "verte en posesión de reclutas y ventas" (o lo que sea) antes de realmente tenerlo. Es aquí donde un deseo ardiente vendrá a ayudarte. Debes imaginar lo bien que te sentirás una vez que logres estas metas.

Puntos que Recordar

1. Escribe emociones profundas e importantes en tu plan.
2. Debes leer buenos libros para crecer e inspirarte. Suplementa tu lectura con videos de Lideres de HGI y otros oradores/maestros de calidad.
3. Ten control de tus relaciones. Nada drena más rápidamente tu energía que el pasar el tiempo con gente negativa.
4. Inspírate y recompénsate por desarrollar a otros.
5. Ayuda/Reta a otros a que logren sus propias metas, no las tuyas. ¡Definitivamente no se encuentran en este negocio por ti!
6. Ten y mantén en alto expectativas positivas con estándares de excelencia.

Los 6 Componentes de Un Gran Plan de Negocios
"Tu Plan Para Convertir Tus Deseos en Oro"

(Debes completar esta hoja de trabajo específica y exactamente para hacer tus deseos realidad)

_____   _____
Nivel Actual   Nivel Próximo de Ascenso

_____   _____
Producción Actual   Requerimientos para Ascenso

1) Cantidad exacta de nuevos asociados _____, ventas _____, ingresos _____ que deseas cada mes.

2) Exactamente que darás a cambio de esto:

   _____ Cantidad de tardes/horas por semana

   _____ Cantidad de folletos compartidos y llamadas hechas/contactos por semana

   _____ Cantidad de invitaciones a PDN por semana

   _____ Cantidad de asistentes a PDN por semana

   _____ Cantidad de entrevistas de Comienzo por semana

   _____ Cantidad de nuevos reclutas por semana

   _____ Cantidad de presentaciones de producto por semana

   _____ Cantidad de nuevos clientes por semana

3) Fecha definitiva de cuándo poseerás los reclutas, ventas, puntos e ingresos: _____

4) Fecha definitiva de cuándo escribirás tu plan y declaración concisa y detallada: _____

5) Fecha definitiva de cuándo pondrás tu plan en acción: _____

6) Horas definitivas en las cuales harás lectura en voz alta de tu declaración escrita, imaginándote a ti mismo amplia y vívidamente en la posesión de ingresos y nuevos asociados: _____ a.m.

   _____ p.m.

Sección II Modo de Pensar del Desarrollador

10 Claves para Lanzar tu Carrera a Un Comienzo Rápido:

Los primeros cuantos días en la vida de un nuevo recluta son los más críticos para su carrera. Han visto el potencial de la oportunidad de HGI y están entusiasmados de poder desarrollar un tremendo futuro para su familia. La clave es encaminarse desde el primer día haciendo todas las cosas que el éxito exige.

El Mapa al Éxito de HGI

1. **Comprométete a atender semanalmente la Presentación de Oportunidad de Negocio (PDN) de tu localidad.**

   La PDN es el corazón del Sistema de Liderazgo en Formato de HGI. Sirve como tu núcleo de reclutamiento, desarrollo y entrenamiento. No existe reunión de mayor importancia que la siguiente PDN.

2. **Aprende el Paso 2 del Sistema de Liderazgo en Formato (SLF) y comienza a invitar personas a la siguiente PDN.**

   Debes de dominar el Sistema de Video Drop/ La Jugada y conseguir 10 Folletos a la brevedad para seguir este método. Tu ascendente con gusto te asistirá en la enseñanza de esta la más importante parte del SLF.

3. **Completa en su totalidad los Ocho Filtros.**

   Estos filtros te ayudarán a comenzar tu negocio por buen camino. El completar estos pasos en el menor tiempo posible también le permite a tus líderes saber qué tan serio estás tomando el negocio.

4. **Regístrate al siguiente gran evento de la compañía.**

   Tú vas desarrollando tu negocio de un gran evento a otro. Las Convenciones de los Campeones de HGI en el verano y la reunión HGI Top Gun en el otoño, son críticas en la expansión de tu visión a nuevos niveles. Entra hoy a www.hgimexico.com.mx y regístrate al siguiente gran evento.

5. **Conéctate al Sistema de Producción en Formato.**

   Sigue estos simples procesos paso a paso para así mejorar tu seguridad financiera, la de tu familia y la de tus compañeros de equipo tomando ventaja de los poderosos productos y servicios de HGI.

6. **Entra en la Red de Textos de HGI.**

   Esta red te conectará directamente al flujo de información de HGI. Esta herramienta te permite enviar mensajes a tu equipo así como recibirlos de tu ascendente, de la compañía y del mismo Hubert Humphrey. Puedes escribirle a Hubert directamente y recibir el consejo y entrenamiento del Desarrollador maestro en persona. Entra a la sección administrativa de HGI – haz clic en el tablero, y después en "HGI Text Network".

Sección II Modo de Pensar del Desarrollador

Lineamientos de Ascenso de HGI

Uno de los grandes aspectos únicos de HGI es la habilidad de controlar tu propio destino. A diferencia de la mayoría de las compañías, en donde tu siguiente ascenso es incierto y está en las manos de otros, en HGI tú tienes el control de cuándo y que tan alto quieres llegar.

Primer Paso: Conviértete en Asociado (A)

- Completa 3 PNA+ PV/7,500 pts. de VN.
- Recluta un total de 3 asociados de calidad directos.

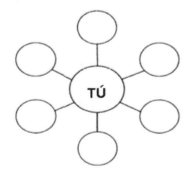

Segundo Paso: Conviértete en Asociado en Campo (AE)

Recluta un total de 6 asociados de calidad directos.

Produce 25,000 pts. de VN con VA a través tu equipo durante 3 meses consecutivos

Tercer Paso: Conviértete en Asociado Superior (AS)

- Recluta un total de 6 asociados de calidad directos.
- Produce 50,000 pts. de VN a través tu equipo durante 3 meses consecutivos

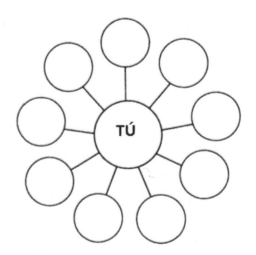

*VN Volumen de Negocio – 1 punto de VN es dado por cada $1 de la Compensación de Objetivo. 500 VN son dados por cada nuevo recluta Global IBE.

Sección II Modo de Pensar del Desarrollador

Cuarto Paso: Conviértete en Director de Mercadotecnia (DM)

- Recluta un total de 12 asociados de calidad directos.

- Produce 100,000 pts. de VN a través tu equipo durante 3 meses consecutivos

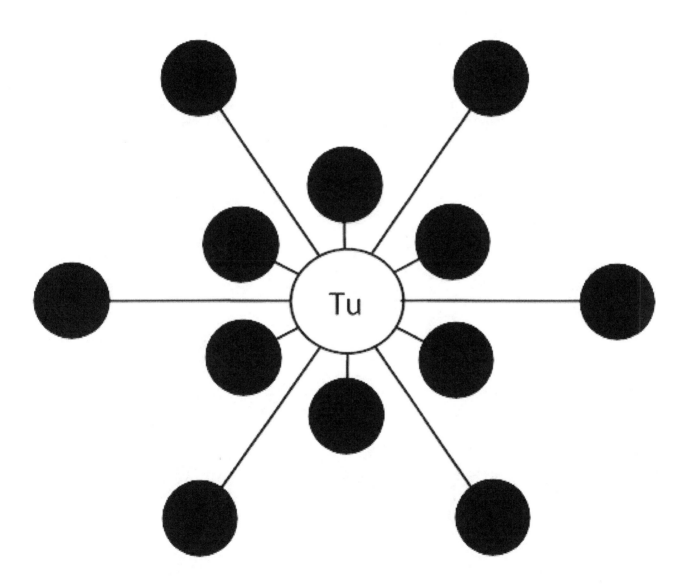

*VN Volumen de Negocio – 1 punto de VN es dado por cada $1 de la Compensación de Objetivo. 500 VN son dados por cada nuevo recluta Global IBE.

Sección II Modo de Pensar del Desarrollador

Quinto Paso: Conviértete en Director Nacional de Mercadotecnia (DMN)

- Recluta un total de 15 asociados de calidad directos.
- Produce 200,000 pts. de VN a través tu equipo durante 3 meses consecutivos
- Completa el Proceso del Intercambio del Desarrollador.

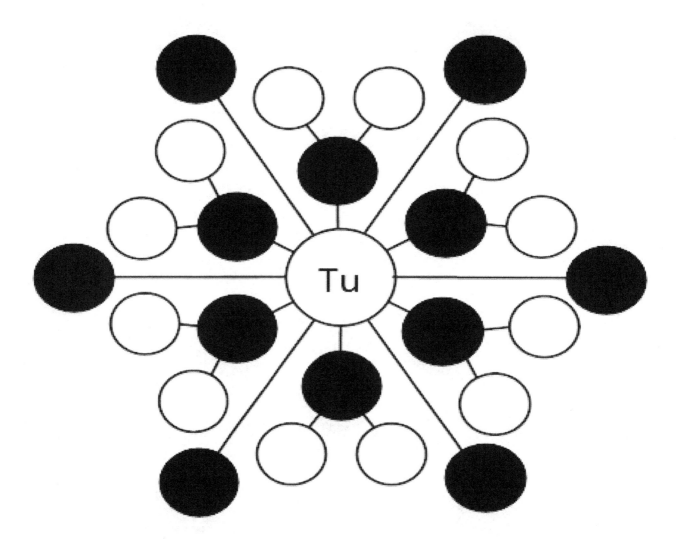

*VN Volumen de Negocio – 1 punto de VN es dado por cada $1 de la Compensación de Objetivo. 500 VN son dados por cada nuevo recluta Global IBE.

Sección II Modo de Pensar del Desarrollador

Sexto Paso: Conviértete en Director Ejecutivo (DE)

- Desarrolla 6 DMN directos.

- Produce 900,000 pts. de VN por medio del enlace Infinito en tu Base de DMN durante 3 meses consecutivos

Séptimo Paso: Conviértete en Director Ejecutivo Senior (DES)

- Desarrolla 9 DMN Directos.

- Produce 1.2M pts. de VN por medio del enlace Infinito en tu Base de DMN durante 3 meses consecutivos

Octavo Paso: Conviértete en Director Ejecutivo CEO (DEC)

- Opción para Calificar #1   Ú   Opción para Calificar #2
  Desarrolla 15 DMN Directos.   Desarrolla 2 DE Calificados.

- Produce 2M pts. de VN por medio del enlace Infinito en tu Base de DMN durante 3 meses consecutivos /Aplica VA.*

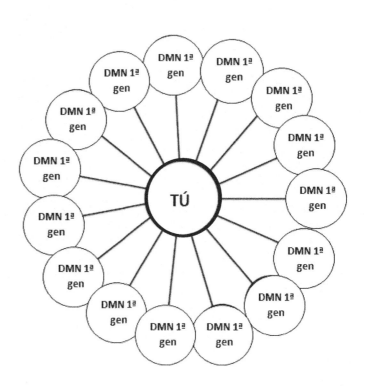

Plan De Compensación Por Liderazgo

Equipo Base

Niveles de Promoción	Niveles de Comisión	Requisitos para próxima promoción
Asociado Jr. **AJ** (Agente en Formación)	Beca Básica $5,000 Beca Avanzada $10,000	Análisis Financiero Personal (Autoconsumo) Para ser merecedor de beca, el asociado debe lograr en 40 días naturales obtener cedula A1 y cumplir con los puntos de capacitación.
Asociado **A**	**40%**	**3 Ventas de capacitación mínimo** **3 reclutas directos** **Cedula A1 Requerida**
Asociado Ejecutivo **AE**	**50%**	6 reclutas directos $20,000 pesos de IM mínimo por 3 meses
Asociado Senior **AS**	**60%**	9 reclutas directos $30,000 pesos de IM mínimo por 3 meses
Director De Marketing Regional DMR	**70%**	12 reclutas directos $50,000 pesos de IM mínimo 3 meses
Director De Marketing Nacional **DMN**	**80%**	**15 recluta directos** **$70,000 pesos de IM mínimo por 3 meses**

Niveles Ejecutivos

Niveles de Promoción	Niveles de Comisión	Requisitos para próxima promoción
Director Ejecutivo DE	**82%**	6 DMNs directos $500,000 pesos de IM mínimo
Director Ejecutivo Senior DES	**84%**	9 DMNs directos $700,000 pesos de IM mínimo
Director Ejecutivo CEO DEC	**85%**	15 DMNs directos (o) 2 Directores Ejecutivos Senior 1,200,000 pesos en IM mínimo por 3 meses

Programa "Equity Share"
Nivel DMR y superior

Los créditos de EquityShare son otorgados basado en los ingresos individuales de cada año

- $500,000 en ganancias = 250,000 en créditos de participación ($10 = ½ Crédito)
- $1'000,000 en ganancias = 1'000,000 en créditos de participación ($10 = 1 Crédito)
- Todos los créditos son acumulativos
- Los créditos de participación se pagaran si y cuando la empresa cotice en bolsa, cuando se fusione con otra empresa o cuando esta sea adquirida por otra

Reglas generales de calificación

- Debe estar en buenos términos con la empresa
- Debe estar registrado con el paquete de Tecnología Global
- Debe cumplir con los requerimientos de cada promoción
- Debe lograr la mínima producción requerida en cada nivel de promoción
- Debe mantener buena calidad de negocio

+ 12%
Pool de Overrides Globales

+.25 Pool de DMN

+.50 Pool de DE

+.75 Pool de DES

+ 1.50 Pool de DE CEO

= 100% Comisión Pagable

Overrides generacionales de liderazgo

Generación	Porcentaje
1era Generación	4.0%
2da Generación	3.0%
3ra Generación	2.0%
4ta Generación	1.5%
5ta Generación	1.0%
6ta Generación	.50%
Total	12.0%

Calendario Veloz

Mes _____

	Lunes	Martes	Miércoles	Jueves	Viernes	Sábado
7am a 2pm Mínimo 5 Contactos Directos Mini Día	**Mini-Día** 1 7:00 ____ 8:00 ____ 9:00 ____ 10:00 ____ 11:00 ____	**Mini-Día** 4 7:00 ____ 8:00 ____ 9:00 ____ 10:00 ____ 11:00 ____	**Mini-Día** 7 7:00 ____ 8:00 ____ 9:00 ____ 10:00 ____ 11:00 ____	**Mini-Día** 10 7:00 ____ 8:00 ____ 9:00 ____ 10:00 ____ 11:00 ____	**Mini-Día** 13 7:00 ____ 8:00 ____ 9:00 ____ 10:00 ____ 11:00 ____	**Mini-Día** 16 7:00 ____ 8:00 ____ 9:00 ____ 10:00 ____ 11:00 ____
12:01pm a 6pm Mínimo 5 Contactos Directos Mini Día	**Mini-Día** 2 12:00 ____ 01:00 ____ 02:00 ____ 03:00 ____ 04:00 ____ 05:00 ____	**Mini-Día** 5 12:00 ____ 01:00 ____ 02:00 ____ 03:00 ____ 04:00 ____ 05:00 ____	**Mini-Día** 8 12:00 ____ 01:00 ____ 02:00 ____ 03:00 ____ 04:00 ____ 05:00 ____	**Mini-Día** 11 12:00 ____ 01:00 ____ 02:00 ____ 03:00 ____ 04:00 ____ 05:00 ____	**Mini-Día** 14 12:00 ____ 01:00 ____ 02:00 ____ 03:00 ____ 04:00 ____ 05:00 ____	**Mini-Día** 17 12:00 ____ 01:00 ____ 02:00 ____ 03:00 ____ 04:00 ____ 05:00 ____
6:01pm a 12am Mínimo 5 Contactos Directos Mini Día	**Mini-Día** 3 06:00 ____ 07:00 ____ 08:00 ____ 09:00 ____ 10:00 ____ 11:00 ____ 12:00 ____	**Mini-Día** 6 06:00 ____ 07:00 ____ 08:00 ____ 09:00 ____ 10:00 ____ 11:00 ____ 12:00 ____	**Mini-Día** 9 06:00 ____ 07:00 ____ 08:00 ____ 09:00 ____ 10:00 ____ 11:00 ____ 12:00 ____	**Mini-Día** 12 06:00 ____ 07:00 ____ 08:00 ____ 09:00 ____ 10:00 ____ 11:00 ____ 12:00 ____	**Mini-Día** 15 06:00 ____ 07:00 ____ 08:00 ____ 09:00 ____ 10:00 ____ 11:00 ____ 12:00 ____	**Mini-Día** 18 06:00 ____ 07:00 ____ 08:00 ____ 09:00 ____ 10:00 ____ 11:00 ____ 12:00 ____

Sección II Modo de Pensar del Desarrollador

Paso 6: Duplicación

La Rápida Repetición del Probado Sistema de HGI

Propósito: Desarrollar un negocio haciendo uso del probado sistema de HGI por medio del cual el reclutamiento jamás termina.

Para convertirte en una leyenda del futuro, debes estudiar a las leyendas del pasado. La velocidad y exactitud con la que copies el sistema determinarán en gran parte el éxito que tengas en HGI. Esta precisión de un molde debe ser duplicada a través de todo tu equipo.

Recuerda dos cosas:
1. *Se te pagará para imitar, no para crear.*
2. *La mercadotecnia es la creación del punto de venta y el movimiento del producto de manera simultánea.*

Los componentes claves de la duplicación incluyen:

- ## La Magia del Reclutamiento & Desarrollo Compuesto

  Una vez que desarrollas una Mentalidad de Reclutador y un Modo de Pensar de Desarrollador, estarás en camino a la creación de "Un Sistema por Medio del cual el Reclutamiento y Desarrollo de Equipos Nunca Termina."
  - I.   Mentalidad de Reclutador
  - II. Modo de Pensar de Desarrollador
  - III. Director de Motivación

- ## Principios Sistematizados del Liderazgo

  El incomparable Programa de Reconocimiento y Recompensas de HGI es lo que la separa de cualquier otro negocio en el mundo de hoy. Es crítico entender que el reconocimiento, la comunicación y eventos son tan importantes para el Sistema de Liderazgo en Formato de HGI como el entrenamiento. Debes convertirte en un Director de Motivación.

- ## Soporte de Clase Mundial

  En esta sección se cubre cómo establecer una oficina, el uso de la tecnología y otros recursos para desarrollar tu negocio.

Sección II Modo de Pensar del Desarrollador

La Magia del Reclutamiento & Desarrollo Compuesto

Mentalidad del Reclutador

El reclutamiento es algo de todo el tiempo. Es un "estado mental." Busca cantidad, obtén calidad.
Recuerda, cada prospecto es un recluta hasta que se pruebe lo contrario.

Sistema de Citado – Captura la Magia del Publico
- **La PDN Individual**
- **La PDN Dinámica**

Cantidad promedio de personas en PDN por semana = Cantidad promedio de ventas en Equipo Base por mes.
Utiliza una Hoja de Proyección para PDN. Si no te preparas para tener una buena reunión – no la tendrás.
Siempre monitorea los números.

Modo de Pensar del Desarrollador

Tú estás dentro del grupo de personas desarrollando negocios. Debes visualizarte como Líder de miles, operando un sistema y con dos objetivos principales:

1. Desarrollar una gran red de puntos de venta.
2. Desarrollar una gran base productos diversificados – clientes usuarios.*

Desarrolla para Maximizar Ganancias

1. "Ancho"
2. "Profundo"
3. "Ancho" y "Profundo"

Ancho = Redituabilidad
Profundo = Seguridad

Puedes ir profundo una vez yendo ancho, pero no puedes tener profundidad en una rama que aún no comienzas.
Puedes controlar al que planta, mas no puedes controlar a la planta.

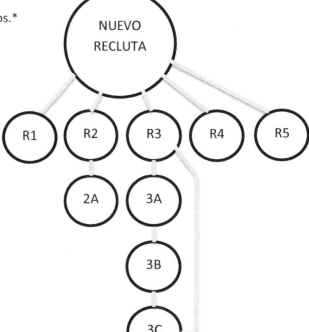

Claves del Desarrollo

No entres en "pánico administrativo," el cual es causado por:
1. Falta de dinero.
2. Falta de actividad.
3. Falta de una definitiva, segunda filosofía de negocios.

La mayoría de las personas no desarrollan un gran negocio de mercadotecnia por carecer del No. 3.

Sección II Modo de Pensar del Desarrollador

Dos Principales Puntos Focales para Ganar la Carrera de los Puntos de Venta

1. Obtén más y más ramas directas personales.
2. Lleva a más y más personas ("nuevas" y "antiguas") a las PDN.

Fórmula para el Éxito:

Cantidad Promedio de Personas por Semana en las PDN = Cantidad Promedio de Ventas Mensuales en Equipo Base

Administra la Actividad, Pero Enfócate en los Resultados.

Lo único interponiéndose entre ti y en que tus sueños se hagan realidad, es el desarrollo de tu sistema de distribución.

Nuestro Reto para ti...

Todo comienza contigo. Primero debes repuntar contigo, y después con tu equipo. ¡Duplica, triplica y cuadruplica el ancho de tu personal cada 90 días! Tú estableces el paso para tu equipo.

De cinco a lo ancho a 50 – A quien tienes que retar es a ti mismo.

¿Qué Líder Serás Tú?

Sección II Modo de Pensar del Desarrollador

Las Claves de Hubert para el Dominio del Mundo

La Copia Maestra que Vale Duplicar

1. Hubert Desarrolló y Sostuvo Una Gran Equipo Base Productora de DMN.

2. Hubert Desarrolló Una Fuerte Línea Frontal en Continuo Crecimiento de Fuertes DMN De 1ra Generación.

3. Hubert Produjo De 8 A 10 Equipos de Gigantes Ejecutivos Directos Superiores en Campo.

4. Hubert Siempre Ha Sido Un Gran Motivador – Los Súper Equipos Funcionan Con Motivación de Alto Octanaje.

5. Hubert Siempre Ha Dominado la Comunicación Personal Constante.
   - Motivación
   - Estimulación
   - Buenas Noticias
   - Saber – Cómo
   - Constante Corrección del Curso

6. Hubert No Podía Vivir con el Ser Alguien Promedio y Ordinario. No Solo Quería Ser No. 1. Necesitaba Ser No.1.

7. Hubert Dominó un Sistema para la Expansión Nacional.
   Tres Formas como Hubert Expandió su Negocio:
   1. Se Trasplantó a Si Mismo a una Nueva Área.
   2. Desarrolló Líderes en su Equipo Base y los Posicionó Fuera.
   3. Encontró Lideres Fuertes en Ciertas Áreas y Desarrolló A Través de Ellos.

8. Hubert Estableció Metas de Crecimiento en Grande tanto para Él cómo Para Sus Líderes – Constantemente Estableció a sus Líderes Proyecciones de Posibilidad.

A Los Líderes Quienes Desarrollan Una Gran Equipo Base de DMN Y Continúan Produciendo DMN de Primera Generación, Van los Más Grandes Honores Y Mayores Recompensas.

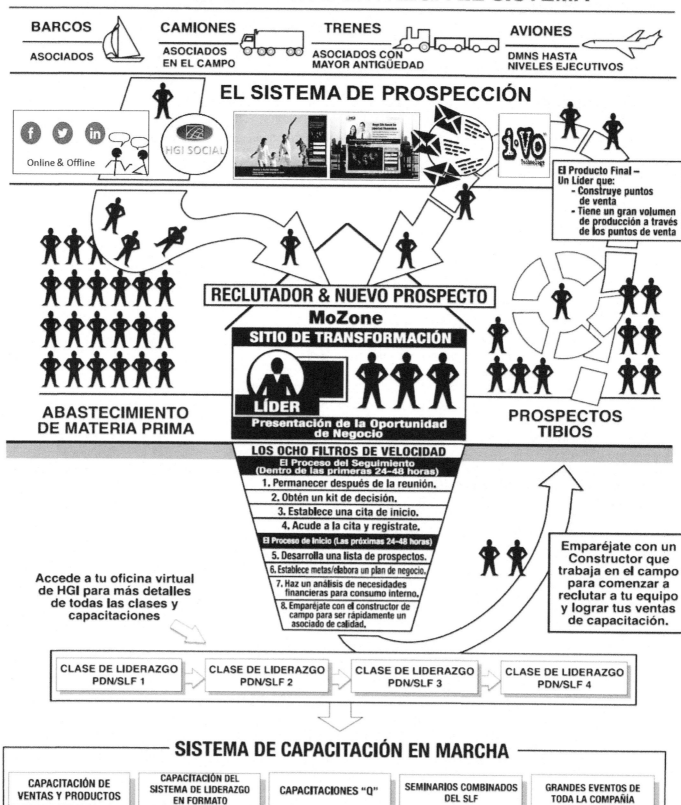

Sección II Modo de Pensar del Desarrollador

La Magia de los Ciclos de 90 Días del trabajador

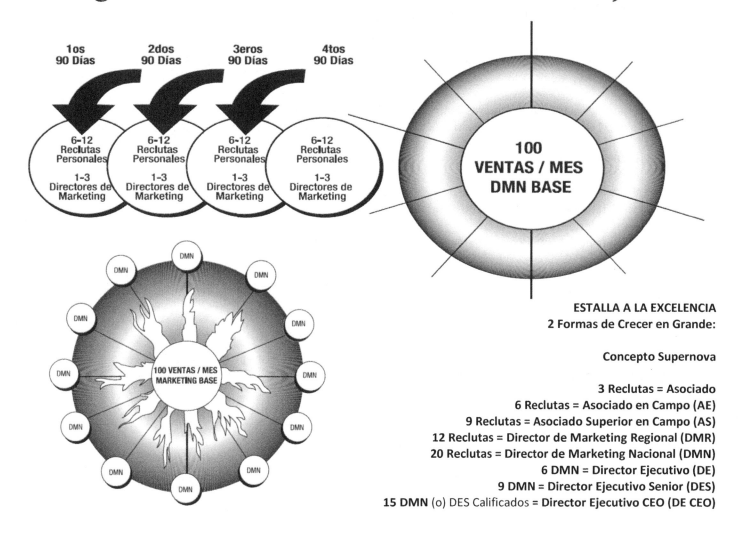

Máxima Prioridad

No. 1. La "continua apertura de puntos de venta"
No. 2. Producción de volumen por cada punto de venta

En este negocio, cada persona es un punto de venta. TÚ eres un punto de venta. Un punto de venta es cualquiera que pueda ofrecer el producto al consumidor. La diferencia entre este negocio y otros sistemas de mercadotecnia es que tú como contratista independiente, tienes la habilidad de establecer tu propio negocio de distribución dentro de la red.

La Magia de la Duplicación

Hubert Humphrey ha seguido el mismo sistema durante años. Este es el mismo sistema que los Líderes exitosos adoptaron. Todos los reclutas integrándose a HGI deben seguir el mismo plano para duplicar su grande éxito.

La mejor forma para tener un alto nivel de desempeño es tener la seguridad de que vale la pena duplicar la copia maestra.

Sección II Modo de Pensar del Desarrollador

Ciclos de 90 Días

El gran secreto del éxito de Hubert Humphrey ha sido el enlace continuo de los Ciclos de 90 Días. En el proceso, muchos grandes súper líderes de equipo han sido capaces de duplicar esta clase de explosión de reclutamiento, y han producido a sus propios líderes quienes llevan a cabo sus propios Ciclos.

La clave para desarrollar el Plan de Enfoque es controlando la Ley de Promedios, aplicando la Ley de los Números Altos durante cada mes en un Ciclo de 90 Días. Después enlaza 4 ciclos CONSECUTIVOS para orquestar la Campaña de Gran Crecimiento de tu equipo.

Áreas clave en el Plan de Enfoque

1. Controla el Desarrollo de la Lista de Prospectos
   - Mínimo 25 referidos por cada acuerdo de membresía
   - Mínimo 10 referidos por cada cliente
   - Ayuda a cada nuevo recluta con el desarrollo de su lista de al menos 100 prospectos

2. Enfócate en el Contacto
   - El Líder controla el punto de contacto
   - El Líder y el nuevo asociado trabajan como invitadores en conjunto

3. Haz la PDN el Corazón de tu Campaña de Crecimiento
   - Le permite a los líderes experimentados el mostrarles la oportunidad de HGI a los prospectos
   - La MoZone en el Centro convierte al prospecto

4. Sé Intensivo en El Seguimiento
   - Lleva a cabo la Entrevista de Contratación dentro de las siguientes 24-48 horas
   - Rápidamente guía al nuevo asociado a través de los 8 Filtros

5. Concentra a cada Nuevo Asociado en tener Un Comienzo Rápido
   - Comienza en el Primer Paso
   - El Líder y el nuevo asociado comienzan su proceso de contacto dentro de las próximas 24-48 horas.

6. Conviértete en un Duplicador/Replicador Maestro
   - Repite los Ciclos del Éxito del SLF de HGI una y otra vez

LA MAGIA DEL RECLUTAMIENTO COMPUESTO

La Magia de los Múltiplos

	Cada uno recluta 2	La diferencia de UNO	Cada uno recluta 3
Nivel 1	2 ×2		3 ×3
Nivel 2	4 ×2		9 ×3
Nivel 3	8 ×2		27 ×3
Nivel 4	16 ×2		81 ×3
Nivel 5	32 ×2		243 ×3
Nivel 6	64 ×2		729 ×3
Nivel 7	128 ×2		2,187 ×3
Nivel 8	256 ×2		6,561 ×3
Nivel 9	512 ×2		19,683 ×3
	1,024	Diferencia de 58,025	59,049

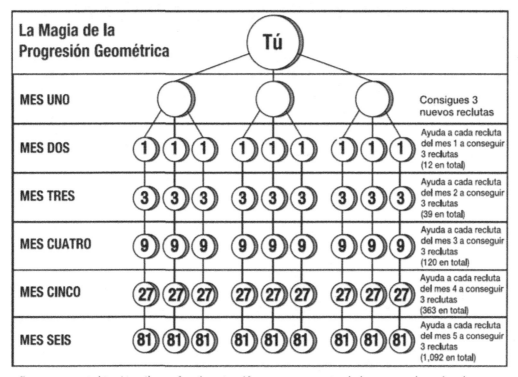

La Magia de la Progresión Geométrica

- **MES UNO** — Consigues 3 nuevos reclutas
- **MES DOS** — Ayuda a cada recluta del mes 1 a conseguir 3 reclutas (12 en total)
- **MES TRES** — Ayuda a cada recluta del mes 2 a conseguir 3 reclutas (39 en total)
- **MES CUATRO** — Ayuda a cada recluta del mes 3 a conseguir 3 reclutas (120 en total)
- **MES CINCO** — Ayuda a cada recluta del mes 4 a conseguir 3 reclutas (363 en total)
- **MES SEIS** — Ayuda a cada recluta del mes 5 a conseguir 3 reclutas (1,092 en total)

Este es un escenario hipotético sólo para fines ilustrativos. No es seguro que estos resultados sean o puedan ser logrados.

RETO DE LA SOCIEDAD DE CREADORES DE RIQUEZA
TABLA DE CONTEO DE PINES

Comisiones de Equipo
(min. 50,000 MXN/mes)

Comisiones de Equipo
(min. 150,000MXN/mes)

LINEA 1
1 EN PROFUNDIDAD
2 EN PROFUNDIDAD
3 EN PROFUNDIDAD
4 EN PROFUNDIDAD

LINEA 2
1 EN PROFUNDIDAD
2 EN PROFUNDIDAD
3 EN PROFUNDIDAD
4 EN PROFUNDIDAD

LINEA 3
1 EN PROFUNDIDAD
2 EN PROFUNDIDAD
3 EN PROFUNDIDAD
4 EN PROFUNDIDAD

LINEA 4
1 EN PROFUNDIDAD
2 EN PROFUNDIDAD
3 EN PROFUNDIDAD
4 EN PROFUNDIDAD

LINEA 5
1 EN PROFUNDIDAD
2 EN PROFUNDIDAD
3 EN PROFUNDIDAD
4 EN PROFUNDIDAD

Comisiones de Equipo
(min. 600,000 MXN/mes)

Comisiones de Equipo
(min. 750,000 MXN/mes)

LINEA 11
1 EN PROFUNDIDAD
2 EN PROFUNDIDAD
3 EN PROFUNDIDAD
4 EN PROFUNDIDAD

LINEA 12
1 EN PROFUNDIDAD
2 EN PROFUNDIDAD
3 EN PROFUNDIDAD
4 EN PROFUNDIDAD

LINEA 13
1 EN PROFUNDIDAD
2 EN PROFUNDIDAD
3 EN PROFUNDIDAD
4 EN PROFUNDIDAD

LINEA 14
1 EN PROFUNDIDAD
2 EN PROFUNDIDAD
3 EN PROFUNDIDAD
4 EN PROFUNDIDAD

LINEA 15
1 EN PROFUNDIDAD
2 EN PROFUNDIDAD
3 EN PROFUNDIDAD
4 EN PROFUNDIDAD

LINEA 21
1 EN PROFUNDIDAD
2 EN PROFUNDIDAD
3 EN PROFUNDIDAD
4 EN PROFUNDIDAD

LINEA 22
1 EN PROFUNDIDAD
2 EN PROFUNDIDAD
3 EN PROFUNDIDAD
4 EN PROFUNDIDAD

LINEA 23
1 EN PROFUNDIDAD
2 EN PROFUNDIDAD
3 EN PROFUNDIDAD
4 EN PROFUNDIDAD

LINEA 24
1 EN PROFUNDIDAD
2 EN PROFUNDIDAD
3 EN PROFUNDIDAD
4 EN PROFUNDIDAD

LINEA 25
1 EN PROFUNDIDAD
2 EN PROFUNDIDAD
3 EN PROFUNDIDAD
4 EN PROFUNDIDAD

RETO DE LA SOCIEDAD DE CREADORES DE RIQUEZA
TABLA DE CONTEO DE PINES

Comisiones de Equipo
(min. 300,000 MXN/mes)

Comisiones de Equipo
(min. 450,000MXN/mes)

LINEA 6
1 EN PROFUNDIDAD
2 EN PROFUNDIDAD
3 EN PROFUNDIDAD
4 EN PROFUNDIDAD

LINEA 7
1 EN PROFUNDIDAD
2 EN PROFUNDIDAD
3 EN PROFUNDIDAD
4 EN PROFUNDIDAD

LINEA 8
1 EN PROFUNDIDAD
2 EN PROFUNDIDAD
3 EN PROFUNDIDAD
4 EN PROFUNDIDAD

LINEA 9
1 EN PROFUNDIDAD
2 EN PROFUNDIDAD
3 EN PROFUNDIDAD
4 EN PROFUNDIDAD

LINEA 10
1 EN PROFUNDIDAD
2 EN PROFUNDIDAD
3 EN PROFUNDIDAD
4 EN PROFUNDIDAD

Comisiones de Equipo
(min. 1,000,000 MXN/mes)

LINEA 16
1 EN PROFUNDIDAD
2 EN PROFUNDIDAD
3 EN PROFUNDIDAD
4 EN PROFUNDIDAD

LINEA 17
1 EN PROFUNDIDAD
2 EN PROFUNDIDAD
3 EN PROFUNDIDAD
4 EN PROFUNDIDAD

LINEA 18
1 EN PROFUNDIDAD
2 EN PROFUNDIDAD
3 EN PROFUNDIDAD
4 EN PROFUNDIDAD

LINEA 19
1 EN PROFUNDIDAD
2 EN PROFUNDIDAD
3 EN PROFUNDIDAD
4 EN PROFUNDIDAD

LINEA 20
1 EN PROFUNDIDAD
2 EN PROFUNDIDAD
3 EN PROFUNDIDAD
4 EN PROFUNDIDAD

Comisiones de Equipo
(min. 1,500,000 MXN/mes)

LINEA 26
1 EN PROFUNDIDAD
2 EN PROFUNDIDAD
3 EN PROFUNDIDAD
4 EN PROFUNDIDAD

LINEA 27
1 EN PROFUNDIDAD
2 EN PROFUNDIDAD
3 EN PROFUNDIDAD
4 EN PROFUNDIDAD

LINEA 28
1 EN PROFUNDIDAD
2 EN PROFUNDIDAD
3 EN PROFUNDIDAD
4 EN PROFUNDIDAD

LINEA 29
1 EN PROFUNDIDAD
2 EN PROFUNDIDAD
3 EN PROFUNDIDAD
4 EN PROFUNDIDAD

LINEA 30
1 EN PROFUNDIDAD
2 EN PROFUNDIDAD
3 EN PROFUNDIDAD
4 EN PROFUNDIDAD

Sección II Modo de Pensar del Desarrollador

Los Principios de Intercambio de HGI

I. INTERCAMBIO DE VENTA PERSONAL
Intercambias el derecho de hacer tu propia venta personal por el derecho de hacer todas las ventas personales a cada uno de tus reclutas basado es sus necesidades individuales.

II. INTERCAMBIO DE ENTRENAMIENTO EN CAMPO
Te postulas para completar el programa de entrenamiento en campo con tu líder por única vez para obtener el derecho de entrenar a todos tus reclutas personales que desarrolles en tu Equipo base.

III. INTERCAMBIO DE CALIFICACION PARA ASCENSO
Calificas para todos los ascensos de DMN y superior, y en intercambio, todos tus futuros DMN tendrán que obtener sus ascensos completando también el esquema completo.

IV. INTERCAMBIO DE RED DE DESARROLLADOR
Debes de ofrecerle a tu DMN ascendentes una rama fuerte de desarrollo de su elección al momento de tu ascenso. A cambio, tú ganas el derecho de tomar una de las ramas fuertes de desarrollo de uno de tus DMN de 1ra generación que promuevas en el futuro.

Intercambio de Desarrollador

La Clave a la Expansión y Rentabilidad

Una de las claves del éxito del equipo de liderazgo de Hubert Humphrey siempre ha sido el Intercambio de Desarrollador. Esta parte única del sistema te permite mantener una gran Equipo de DMN, mientras continúas ascendiendo nuevos líderes DMN. Es la fuente a una expansión personal tremenda y rentabilidad de tu negocio.

Tradicional Dilema-22

Uno de los más grandes retos a los que se enfrentan los negocios hoy en día, es el de la habilidad individual para ascender en su compañía basada en esfuerzo y desempeño. La mayoría terminan en una situación en la cual su crecimiento está obstruido ya que la determinante está en manos de sus superiores.

Es un Dilema-22: Si una persona avanza, es a expensas de un líder, pero si se le retiene, es a expensas de su propia familia e ingresos personales.

Capacitación cruzada

Esta estrategia permite que los nuevos afiliados en formación puedan reclutar inmediatamente y delegar la capacitación de sus asociados a los capacitadores en campo más experimentados, permitiéndoles construir con mayor velocidad sus organizaciones.
En este programa de Capacitación Cruzada los afiliados en formación intercambian la comisión de las ventas de capacitación por el beneficio de tener un afiliado capacitado en su organización.

Sección II Modo de Pensar del Desarrollador

El Intercambio de Desarrollador Resuelve este Problema

Durante la ascenso a Director Nacional de Mercadotecnia (DMN), el nuevo ascendido hace un "intercambio" único de su mejor rama a con su promotor. El Intercambio de Desarrollador es la elección del DMN quien promueve.

El intercambio le permite al DMN ascendente quien promueve el mantener una fuerte base de DMN, mientras que el nuevo Director aumenta su contrato. El nuevo DMN ahora está en posición de recibir ramas de intercambio de cualquier nuevo Director que él/ella produzca en el futuro.

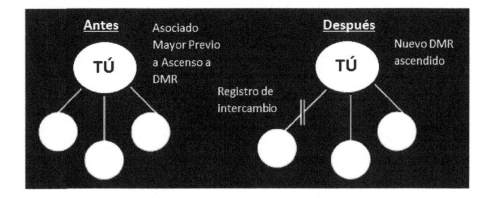

Como asociado superior previo a tu nuevo ascenso de DMN, produces 2 ventas/mensuales personales con tres (3) asociados en campo quienes producen 2 ventas/mensuales cada uno.

Personal
Pago en Campo de $8,000 x 50%   = $4,000

Comisiones
Pago en Campo de $24,000 x 10% (50% - 40%)   = $2,400

Flujo Total de Efectivo   **$6,400**

Después de tu nuevo ascenso a DMN, produces 2 ventas/mensuales personales...
y dos (2) asociados en campo producen 2 ventas/mensuales cada uno.

Personal
Pago en Campo de $8,000 x 70%   = $5,600

Comisiones
Pago en Campo de $16,000 x 30% (70% - 40%)   = $4,800

Flujo Total de Efectivo   **$10,200**

Plan de Co-Líder

El Plan dinámico de Co-Líder está diseñado para ayudar a mejorar el ingreso de los líderes por parte de las personas que conozcan quienes vivan en otro país o estado. El Plan de Co-Líder de HGI le permite a los DMN quienes no se encuentran en posición de apoyar a los nuevos reclutas que viven a distancia la oportunidad de referirlos a un DMN local, quien asumirá el papel de líder del nuevo recluta de ese punto en delante. El DMN quien refiere entonces podrá participar en una porción de los ingresos del nuevo líder.

He aquí como funciona:

- El Líder Primario debe por lo menos estar en el nivel de DMN para participar en el Plan de Acuerdo de Co-Líder.

- El Líder Primario (LP) dividirá su comisión compensativa del personal del Asociado Referido y su negocio en línea descendente con el Líder Secundario (LS) basado en el acuerdo de porcentaje de división.

- El ascendente del LS no recibe ninguna compensación, punto de producción o crédito de recluta, al menos que sea un líder ascendente del LP.

- El LP y su ascendente completa recibirán el 100% de puntos de producción y crédito de recluta generado por el Asociado Referido y todos sus descendentes.

- El DMN y su ascendente se desplegarán en la ascendente del Asociado Referente.

- Todas las partes en este acuerdo son responsables en el cumplimiento de los requerimientos necesarios para obtener compensaciones y puntos.

(Mira la página siguiente para los detalles del Plan de Co-Líder)

Sección II Modo de Pensar del Desarrollador

Plan de Co-Líder *(continuación)*

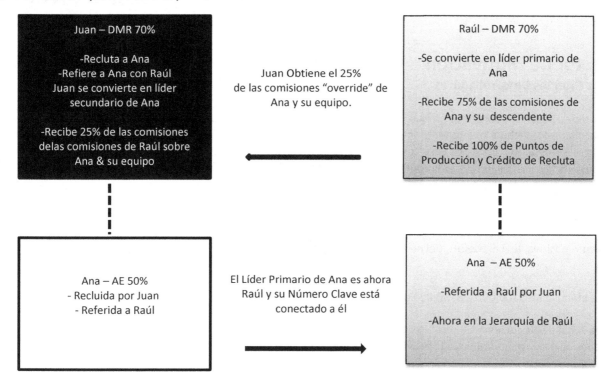

Plan de Co-Líder basado en Objetivo de Compensación de $5,000

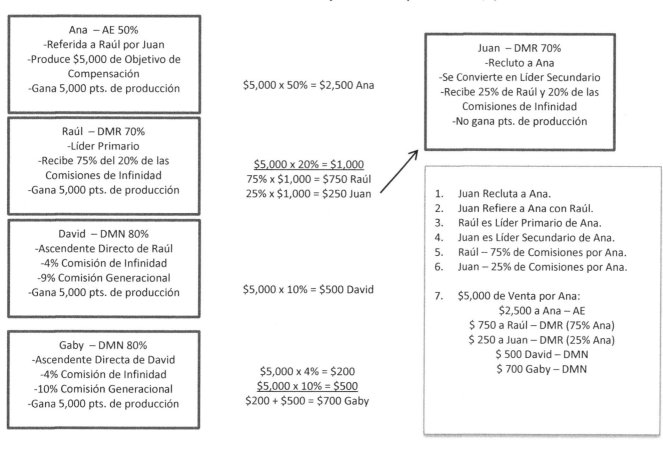

Sección III Director de Motivación

Un Director de Motivación
Perfil de los Grandes Desarrolladores

Todos los grandes Desarrolladores tienen que hacer más que recluir, entrenar a unas cuantas personas y trabajar en descendente. Deben desarrollar a lo ancho y mantener grandes bases de mercadotecnia, produciendo de 100,000 a 200,000 VN por mes. Deben operar grandes sistemas de PDN, ser exitosos en el reclutamiento y entrenamiento de 100 o más personas en su Equipo Base durante varios años. Desarrollan relaciones personales fuertes con toda su gente clave. Producen gigantescos equipos tipo DM CEO.

El Perfil de 10 puntos de un Fuerte DMN:

1. **Actitud**
   Totalmente positiva, leal al espíritu del negocio.

2. **Ingresos**
   Flujo de efectivo de $100,000 a $150,000 por mes.

3. **Persona Total de Negocios**
   Estudiante del Negocio, administra la actividad y se enfoca en resultados; hace dinero/ahorra dinero.

4. **Negocio de Calidad**
   Mantiene niveles altos de cumplimiento y supervisión, para asegurar la calidad del negocio.

5. **Desarrollador Fuerte**
   Nunca deja de operar la fábrica de liderazgo, continuamente desarrolla nuevas oleadas de líderes.

6. **Centro de Negocios**
   Dirige una oficina de calidad con las instalaciones adecuadas para PDN de gran poder y clases de entrenamiento.

7. **Personal de Soporte**
   Contrata a un talentoso equipo administrativo.

8. **Ahorros**
   Aparta suficiente efectivo para asegurar que los gastos de renta y del negocio estén cubiertos por al menos un año.

9. **Fuerte Equipo Base después del Ascenso de DMN**
   Siempre Desarrolla a lo ancho y en profundidad.

10. **Motivación/Comunicación**
    Un buen líder; bueno motivando y comunicando en descendente usando lo último en tecnología de punta.

Sección III Director de Motivación

CPC – Comunicación Personal Constante

Las grandes leyendas del pasado han dominado el arte de la comunicación con grandes grupos de personas en todos los niveles. Trabajaron con cada líder como si fuera de primera generación con respecto a ellos. Realizaron grandes eventos para dar mayor reconocimiento; dominaron el arte de las cartas personales, cartas informativas, boletines mensuales de líderes y conferencias. Se comprometieron a visitar a sus líderes locales con regularidad. Comprendieron que la Comunicación Personal Constante era vital para su éxito.

Para ser una leyenda del futuro, debes implementar esta misma comunicación sistemática a lo largo de tu equipo.

Comunica – Comunica – Comunica

Existen tres tipos de comunicación cuales debes de tener con todos tus líderes:

- **Motivación Personal Constante**
  Reconoce cuando alguien lo hace bien. Alienta cuando alguien se sienta "abajo."

- **Información Personal Constante**
  A todo mundo le gustan las buenas noticias – compártelas.

- **Educación Personal Constante**
  Comparte técnicas de reclutamiento, desarrollo y ventas. Las personas deben saber "el cómo."

La comunicación es la clave al crecimiento de un gigantesco equipo. Debes trabajar para desarrollar un gran sistema de "irrigación" para que la información llegue a cada una de las personas en tu equipo. El ejército de tanques del General Patton era mucho más poderoso que el tradicional ejército de soldados a pie, más presentaba una serie de nuevos retos.

El soldado podía salir adelante con equis raciones de agua. Pero los tanques necesitaban combustible, y mucho. Prosperaban en "alto octanaje" y no podían moverse ni un milímetro sin él. Nuca fue fácil el controlar la entrega constante de combustible a un ejército en movimiento, pero al final, valió la pena. El ejército de tanques era tan poderoso que devastó al enemigo.

Debes de asegurar que tus líderes tengan motivación de alto octanaje y comunicación constante para el desarrollo de sus negocios.

Sección III Director de Motivación

Componente Principal No. 1
Plan de Enfoque HGI – Punto de Enfoque No. 1: Reclutar

Debes calificar para vestir las camisas de Guerrero. Cualquier líder, sin importar su nivel de ascenso, cual cumpla con el esquema califica. Nunca es demasiado pronto para el desarrollo de tu base.

 10 Reclutas en Base — En camino para Equipo DM CEO "Caballería de Compañía" – camisa de Guerrero blanca (con logo de Caballería de Compañía)/Asiste a sus Reuniones.

 25 Reclutas en Base — Introducido a tu Equipo DM CEO "Caballería de Compañía" – camisa de Guerrero azul claro (con logo de Caballería de Compañía)

 50 Reclutas en Base — En camino para La Compañía Completa de Hubert "Caballería de Compañía" – camisa de Guerrero azul obscuro (con logo de Caballería de Compañía)

 75 Reclutas en Base — Introducido a la "Guardia Real Elite" de La Compañía Completa de Hubert "Caballería de Compañía" – camisa de Guerrero verde claro (con logo de Caballería de Compañía)

 100 DMN Reclutas en Base — Conviértete en "Alejandro Magno Moderno" de La Compañía Completa de Hubert – camisa de Guerrero dorada (con logo de Alejandro Magno Moderno)

 100 1ros Reclutas en Súper Base/Mes — Introducido al "Circulo de Guerreros" de La Compañía Completa de Hubert – camisa de Guerreo caqui (con logo del Circulo de Guerreros)

 200 1ros Reclutas en Súper Base/Mes — Introducido al "Circulo de Guerreros" de La Compañía Completa de Hubert – camisa de Guerreo roja (con logo del Circulo de Guerreros)

 300 1ros Reclutas en Súper Base/Mes — Introducido al "Circulo de Guerreros" de La Compañía Completa de Hubert – camisa de Guerreo negra (con logo del Circulo de Guerreros)

Sección III Director de Motivación

Componente Principal No. 2.
Trayectoria de Desarrollador de Riqueza a DM CEO – Punto de Enfoque No. 2: Desarrollar

Conversión del Reclutamiento en Alto Volumen a Grandes Equipos
En el manual de Sistema de Liderazgo en Formato, se te enseña acerca de las leyes de duplicado.

Ley No. 1   Un recluta no lo es hasta que tenga un recluta

Ley No. 2   Un recluta no se convierte en una rama con vida propia hasta que vaya por lo menos a cuatro niveles de profundidad.

Ley No. 3   Una rama no se convierte en un equipo hasta que al menos dos líderes del sistema hayan sido desarrollados dentro de la misma.

Esta Trayectoria de Desarrollador de Riqueza es un sistema de contabilidad instantáneo. Las personas automáticamente cuentan sus números de reclutamiento y ramas directas para ser calificados para obtener camisas y broches.

¡El broche sello de la excelencia!
Desarrolla en ancho, profundo y geométrico para una riqueza y seguridad a largo plazo.

Broches de Equipo Base Trayectoria a DM CEO

1 LD = 1 Línea	3 LD = 1 Línea	6 LD = 1 Línea	9 LD = 1 Línea	12 LD = 1 Línea
4 En profundidad	4 En profundidad	4 En profundidad	4 En profundidad	4 En profundidad
50,000 VN/mes	150,000 VN/mes	300,000 VN/mes	450,000 VN/mes	600,000 VN/mes

Broches de Súper Base Círculo de Guerreros

15 LD = 1 Línea   20 LD = 1 Línea   30 LD = 1 Línea
4 En profundidad   4 En profundidad   4 En profundidad
750,000 VN/mes   1,000,000 VN/mes   1,500,000 VN/mes

Made in the USA
Middletown, DE
04 August 2022